地方自治の憲法論

「充実した地方自治」を求めて

［補訂版］

杉原泰雄

keiso shobo

はしがき

(1)　近現代の市民憲法は、アメリカ合衆国等若干の国を別として、原則として中央集権の体制をとってきた。地方公共団体の組織・運営は原則として中央政府の法律で定められ、その具体的運営も中央政府の指揮監督のもとにおかれていた。地方公共団体は中央政府の行政の末端機構であった。

(2)　この中央集権体制には、以下のような問題があった。

①「人民による政治」が困難となる。中央政府の政治においては、直接の民意による政治は困難で、代表制を原則とせざるをえない。現代の「政党国家」「行政国家」状況においては、国民不在の党派政治・官僚政治にもなりかねない。②「人民のための政治」も困難となる。中央政府は、全国民を対象とする一般的抽象的法規範としての法律によって政治をしなければならないから、各地域の異なる要求にうまく応えられない。各地域が自然的・社会的諸条件を異にし、産業・生活・文化の在り方を異にしている点からすれば、全国一律に方針を決める中央集権の体制には、大きな欠陥がある。中央政府が各地域の事情に精通していないことをも考慮すればなおさらのことである。③中央集権の体制下では、地方公共団体は、固有の権能も財源ももたないから、その地域の産業・

生活・文化を発展させることもできない。④この③と同様の理由で、住民は、地域の政治に参加することができず、主権者の成員としての意識と知識をもった「真の市民」となることもできず、「政治の傍観者」となる。

(3) このような中央集権の体制には、近代の初頭から、それを批判する思想と運動があった。それは、中央集権体制の右のような問題性を指摘し、「充実した地方自治」を核とする国家体制を提示していた。フランス革命期のサン・キュロット運動、トクヴィルの『アメリカにおける民主主義』、一八七一年のパリ・コミューンなどは、近代におけるその代表例である。それは、①地方公共団体優先の事務配分の原則（国民生活に近い地方公共団体が優先的に公的事務を分担し、中央政府は全国民的な事務と中央政府の存立にかんする事務のみを分担する）、②事務配分にみあった財源配分の原則、③地方政府の立場（地方公共団体は、その分担事務について立法・行政・財政の権能をもつ地方政府となる）、④団体自治と住民自治の原則（地方公共団体は、その分担事務を中央政府から原則として独立しかつ「住民により、住民のために」処理する）等の原則をもち、国家はそのような自治体を核とする体制である。

(4) このような「充実した地方自治」の体制を求める思想と運動の影響もあって、憲法に導入された中央集権の体制も徐々に変化している。

近代の段階では、地方公共団体の在り方を定める法律が、地方公共団体の担当する行政について次第に自治を認めていくようになる（自治行政）。現代市民憲法は、憲法で若干の自治行政権を、さらには法律の範囲内で自治立法権も、認めるようになっている。しかし、憲法で「充実した地方自治」の体制の諸原則を明示的に認めるまでには至っていない。

(5) われわれは、いま、世界的な規模で、本格的な転換期を迎えようとしている。中央集権の体制が終わり、「充実した地方自治」の体制に転換しようとしている。アメリカ合衆国の州憲法は、先駆的な役割を果たしていたが、例外的であった。一九八五年のヨーロッパ地方自治憲章(多国間条約)と同年の国際地方自治体連合の世界地方自治宣言は、本格的な転換の時代の到来をつげる暁鐘であった。それらは、「充実した地方自治」体制の諸原則を、現在の政治的、経済的、文化的発展に不可欠なものとしていた。一九九〇年代に制定された旧ソ連=東欧型社会主義諸国の憲法も、それらを導きの糸としていた。二〇〇一年六月の国連特別総会では、「世界地方自治憲章」(多国間条約)の締結が問題となった。

二一世紀が「充実した地方自治」の体制の時代となることは、ほぼ確かなことのようにみえる。

(6) 日本の憲法学は、これまで、中央集権の体制を当然視して、地方自治の問題を憲法の主題と考えなかった。しかし、日本の中央集権体制も失敗した。日本も、他の諸国とともに地方自治の問題を本格的に再検討しなければならない状況にある。①中央集権の体制はどのような正当化論・構造・問題性をもっていたか、とくに日本の場合はどうか、②それに批判的に対置する「充実した地方自治」の体制を求める思想と運動はどのような正当化論や原則を提示しようとしてきたか、また現在における転換を指導する憲章・宣言・憲法等はどのような原理と構造をもっているか、③日本国憲法はどのような中央と地方の在り方を求めているか、「シャウプ勧告」（一九四九年）や「神戸勧告」（一九五〇年）はどうであったか等々を、本格的に再検討することである。

われわれがそれを怠れば、日本は「旧体制」下の政治に固執し続けることになるかもしれない。

(7)　本書と同時に刊行される『資料　現代地方自治』は、本書で検討する事項についての資料をほぼ全面的に網羅する本書の資料編ともいうべきものである。私も所属する「地方自治と憲法」研究会が編集したものである。本書の読者が、この資料集をも参照してくだされば、まことに幸いなことと思う。本書の執筆にあたっては、右の研究会のみなさんから有形無形のご援助をいただいた。また、編集部の古田理史さんから行き届いたご支援をいただいた。衷心よりお礼を申し上げたい。

二〇〇二年一月二〇日　大寒の入りの日　政治の春を待望しつつ

杉原泰雄

二〇〇八年の補訂版では、日本国憲法が、「ヨーロッパ地方自治憲章」や「世界地方自治宣言」と同様に、地方自治事務についての権能を地方公共団体の利益のために行使できる権利として認めていることを、明確にしている。それは、その意味で、地方公共団体の利益のために行使できない権限と区別しなければならない。

二〇〇八年一〇月

杉原泰雄

目次

凡　例

(1) 訳文・引用文中の（　）注は原文中を意味し、〔　〕注は本書執筆者の注を意味する。
(2) 引用文献中、『　』文献は単行本を示し、「　」文献は論文を示す。
(3) ＊と★は、いずれも注で、読みやすいように本文の近くにおいた。＊の方は、より深く理解したいと思う読者、余裕のある読者のためのもので、先を急ぐ読者は省略してもよいのではないかと思うものである。★の方は、正確な理解をするために先を急ぐ読者にも読んで欲しいと思っているものである。

第1章　はじめに
——中央集権体制の時代から「充実した地方自治」体制の時代へ——

最初に、この本でとくに焦点をあわせて検討したいと思っていることの概要めいたものを述べておきたい。この本は、「充実した地方自治」の保障なしには、各地域における政治的、経済的および文化的な発展を保障することができないのではないか、またそのような地方自治の保障のもとでしか主権者の成員としての意識と知識をもった「真の市民」を創出することができないのではないか、総じて「充実した地方自治」の保障こそが民主的な国家論の要石ではないか、そして、また、日本国憲法はその「充実した地方自治」の体制を導入しているのではないか、ということの解明に焦点をあわせている。その検討内容の要点は、以下のようである。

一　近現代の市民国家（資本主義国家）と中央集権の体制

近代の市民国家（資本主義国家）は、その成立の当初から、原則として中央集権の体制をとっていた。この基本的な性格は、現代においても変わっていない。中央政府を国と呼び、国→都道府県→市町村の関係を自然的序列とみなすほどに、地方公共団体に対する中央政府の優越は、当然のことと考えられてきた。

その一要因は、資本主義経済体制にある。近代化は、封建体制を終わらせる近代市民革命または革命の方法によらない「上からの近代化」とともに始まる。近代化は、経済的には資本主義の本格化、法政治的には立憲主義化・法治主義化を根本特色としていた。近代の資本主義国の憲法（以後、近代市民憲法と呼ぶ）は、封建体制を終わらせて資本主義体制を本格的に展開するというその歴史課題の故に、あとでみるように、アメリカ合衆国等若干の国の場合を別として、中央集権の体制を政治（統治機構）の根本特色としていた。* 近代市民憲法は、原則として地方公共団体の存在を認めつつも、その権能・組織・運営の在り方については、憲法上何らの具体的保障をせず、中央政府に従属するものとしていた。その具体的な組織運営は、法律によって定められ中央政府の指揮監督のもとにおかれていた。

現代（第一次世界大戦以降を現代と呼ぶ）の資本主義国の憲法（以後、現代市民憲法と呼ぶ）においても、中央政府が優位にあって、地方公共団体の権能・組織・運営の在り方を法律で定めかつその具体的な運営を指揮監督するという体制は、質的に変わっているわけではない。

* 資本主義の本格的な発展は、経済的自由権の保障、生産力の規模とともに市場の大きさいかんにか

かっている。資本主義の本格的な発展を確保するためには、封建的割拠体制の解体と言語・貨幣・度量衡等の統一を伴ったできるだけ大きな市場（統一国内市場）を形成することも不可欠であった。この目的は、地方公共団体を中央政府の末端行政機構とする中央集権の体制によって達成されるはずであった。そのような政治体制を正当化する法理論は、それぞれの憲法原理をふまえて、フランスにおいてもドイツにおいても形成されていた。

二　「充実した地方自治」の体制を求める思想と運動

しかし、そのような中央集権の体制に対しては、近代の初頭から、それを批判し、「充実した地方自治」の保障・そのような地方自治の保障を要石とする国家体制（以後そのような国家の在り方を「充実した地方自治」の体制と呼ぶ）を求める思想と運動が、反体制（反資本主義体制）の側にもまた体制の側にもあった。反体制の側の代表例としては、たとえば、フランス革命期のサン・キュロット運動や一八七一年のパリ・コミューンがあげられる。また、体制側の代表例としては、アメリカ合衆国における地方自治の状況をふまえたトクヴィル（Alexis de Tocqueville, 1805-59）をあげることができる。

それらについては、あとで若干立ち入って紹介するが、いずれもが、①充実した住民自治の原則（地方公共団体の事務は、住民の意思に基づき、住民のためにおこなわれることを求める）、②充実した団体自治の原則（地方公共団体に法人格を認めかつその事務は、地方の状況を熟知しない中央政府から独立して、地方公共団体が権利として処理することを求める）、③地方公共団体優先の事務配分の原則（住民に近い地方公共団体に優先的に公的事務の配分を求めるもので、より包括的な団体＝都道府県はより小さな団体＝市町村で効果的に処理できない事務を補完的に担当し、中央政府は地方公共団体では効果的に処理できない全国民的な性質・性格の事務やその存立にかんする事務のみを担当することを求めるもので、近接性の原則＝principle of proximity、補完性の原則＝principle of subsidiarity ともいう）*、④事務配分にみあった自主財源配分の原則（自主財源の保障なしには、地方自治は機能できない）などをとり込んだ地方自治の保障とそれを要石とする国家の体制を求めていた。この体制においては、②③④からも明らかなように、自治体は、自治行政権のみならず自治立法権をももち、中央政府とともに公的事務を分担する地方政府と位置づけられることになる。「充実した地方自治」の体制である。

このような地方自治の体制を求める思想と運動は、それを欠く中央集権体制のもとでは、①各地域における政治的、経済的および文化的な発展をもたらすことができないだけでなく、全国的な規模でも政治的、経済的および文化的な発展を確保することができず、②主権者の成員としての意識と知識をもった「真の市民」を創出することもできず、地方公共団体の政治においても、中央政府の政治においても、政治を傍観する市民だけがもたらされる、としていた。地方公共団体に権能もなく、財源もなく、団体自治も住民自治もまともに保障されていなければ、地方公共団体における政治的、経済的および文化的な発展がありうるはずがない、国が地方公共団体の集合体でもあるところからすれば、国全体の政治的、経済的および文化的発展が困難となることも避けがたい、また、各地方公共団体において、その共同生活にかんする事務を、住民みずからが中央政府から独立して処理することなく、中央と地方の代表や官僚という「他人」にまかせ続ければ、主権者の成員としての意識と知識をもった「真の市民」は育ちようがない、というのである。

反体制の側も、体制内改革の側も、これらの点においてはほぼ共通していた。異なっていたのは、反体制の側がこのような「充実した地方自治」の体制は資本主義体制下では実現できないと考えがちであったのに対して、体制内改革の側が「充実した地方自治」の体制なしには資本主義体制の安定を確保できないと考えていたことであった。

＊ 地方公共団体とりわけ市町村に対する「全権能性の原則」が③の原則（地方公共団体優先の事務配分の原則）の系として求められる。法律上、中央政府や他の地方公共団体に専属的な事務として配分されていない事務や、地方公共団体とくに市町村の権能から、明示的に排除されていない事務のすべてについて、地方公共団体とくに市町村が権能をもつとする原則である。近時の「充実した地方自治」論には、この原則を指摘するものが多い。地方公共団体優先の事務配分の原則の系として求められるものであるから、明示的に指摘していなくても、その原則に含まれているものと解される。都道府県にも、中央政府との関係でこれに類する原則が認められるのは当然のことである。

三　近現代の市民憲法下における地方自治の歩み

「充実した地方自治」の体制を求める思想や運動の影響もあって、中央集権体制のもとでも、徐々にではあるが地方自治の保障が強化されていった。この点については、あとで若干立ち入って述べるが、その大要は以下のようであった。

近代市民革命期から第一次世界大戦期までの間の資本主義国の憲法を近代市民憲法という。近代市民憲法は、原則として、地方公共団体を認めつつも、その権能・組織・運営の在り方を法律に白紙委任していたが、時の経過とともに、その法律で、中央政府の監督・介入の余地を残しながらも、地方行政についての自治（自治行政）を徐々に認めていった。中央集権の体制を維持しつつも、原則として地方行政について住民自治もしくは団体自治、またはその両者を次第に認めていったのである。

第一次世界大戦期以降の資本主義国の憲法を現代市民憲法というが、それは、憲法上で住民自治や団体自治について若干の具体的な保障をするに至っている。憲法による地方自治の保障の始まりといってもいいであろう。しかし、そこでも、「充実した地方自治」の体制が憲法で明示的に認められているわけではない。住民自治・団体自治の保障さえもがなお不十分になりがちであるだけでなく、地方公共団体優先の事務配分の原則・「全権能性の原則」や事務配分にみあった自主財源配分の原則は、現代市民憲法でも原則として明示的には保障されていない。

四　本格的な転換期としての「現在」

ここでは、第二次世界大戦後の時代を「現在」と呼ぶ。その「現在」においては、現代・「現在」における中央集権体制の悲惨な経験、とりわけヒトラーやスターリンのもとにおける経験を批判的にふまえて、「充実した地方自治」の体制への本格的な転換が世界的な規模で試みられている。一九八五年の「ヨーロッパ地方自治憲章」（多国間条約）や同年の国際地方自治体連合（International Union of Local Authorities, IULA）による「世界地方自治宣言」は、「充実した地方自治」の体制を「現在」における政治的、経済的および文化的発展に不可欠のものとしている。また、中東欧の旧社会主義諸国や東独五州（旧東ドイツ）の一九九〇年代の諸憲法は、ヨーロッパ地方自治憲章や世界地方自治宣言をガイドラインとして、「充実した地方自治」の体制を求め、現代市民憲法における地方自治の保障の水準を超えようとしている。

「現在」におけるこのような「充実した地方自治」体制への動向の延長線上に、「世界地方自治憲章」の制定が展望されている。二一世紀初頭に国連で「充実した地方自治」体制を内容とする憲章を国連の多国間条約として定めようとする動きである。一九九八年五月にはその第一次草案が、二〇〇〇年六月には第二次草案が発表されている。「中央集権の体制」から「充実した地方自治」の体制への本格的な、しかも世界的な規模での転換が視野に入ってきている。二一世紀が「充実した地方自治」体制の時代となることは、ほぼ間違いないようである。

中央集権体制の時代が終わりを迎えようとしているということは、もちろん中央政府の役割が消滅する時代にきているということを意味するわけではない。中央政府には、なお、中央政府でなければ効果的に処理できない全国民的な性質・性格の事務や中央政府の存立にかんする事務などの重要な仕事が残る。それ以外の公的な仕事を地方公共団体が住民自治や団体自治など「充実した地方自治」体制の諸原則をふまえて担当するというのである。地方公共団体が中央政府の指揮監督のもとで中央政府の事務を担当する時代が終わり、地方公共団体と中央政府が公務の分担者として対等な立場に立ち、各地域においても、全国的規模においても、政治・経済・文化を国民の生活の観点から発展させることができる時代を迎えようとしている、ということである。

この点と関連して一つ留意すべきことがある。それは、とくに一九九〇年代に入ってから際立っている世界単一市場化（グローバリゼーション）への国内的対応の一環としての地方分権の動きである。「例外なき自由化」を標榜するグローバリゼーションは、国内においてそれに対応しうる中央政府の在り方を求める。「政治改革」「行政改革」である。その一環として、中央政府の伝統的機能が選別・整理され、その一部が地方公共団体に移譲される。「押しつけ的分権」である。それは、中央集権体制の改革の外見をもっていても、とくに「充実した地方自治」の思想や運動の伝統をもたない国においては、「充実した地方自治」の諸原則を欠いたものになりかねない。その諸原則を欠く「地方分権」は、その諸原則の欠落の故に、中央集権体制の諸弊害を克服するものにはなりえない。人類の歴史的な努力を無視したその場しのぎの改革を、「充実した地方自治」体制のための改革と混同してはならない。

五　地方自治の問題は国家の根本的な在り方にかんする国家論の問題

われわれは、ともすると、中央集権体制の国家を当然のこととして、中央政府↓都道府県↓市町村を自然的な序列と考えたり、地方自治の問題を本来マイナーな問題と考えたりしがちである。「肝心なのは中央政府の権限・組織・運営の問題であり、それこそが憲法と憲法学の主題である」という意識である。

しかし、そう考えるべきではあるまい。それは、国民の生活の観点からしてもまた憲法の観点からしても誤った考え方というべきであろう。地方自治の問題は、以下の諸点からも明らかなように、国家の根本的な在り方に関する国家論の問題であり、憲法の根本問題である。

第一に、あとで検討するように、中央集権体制のもとにおいては、どのような国家でも、とくに国民の生活の観点からみて、政治的にも、経済的にも、そして文化的にもうまくいかないということである。うまくいくためには、「充実した地方自治」の体制が不可欠である。このことは、反体制の理論家のみならず、体制の安定を求める理論家によっても論証されてきたことであり、また近代・現代・「現在」の経験もそれを実証している（日本の事例についてはあとでふれる）。

近現代の国民国家においては、国民は、政治的・経済的・文化的に全国的な共通性をもった生活（国民としての生活）をしているだけでなく、政治的・経済的・文化的にその共通性を欠いた生活（地域住民としての生活）もしている。国民としての生活の重要性を否定するわけにはいかないが、地域の住民としての生活の重要性を否定することもできない。過疎地域と過密地域のいずれにおいても、一般の国民にとっては、人間らしい生活を営むことが困難である。中央政府の問題と地方公共団体の問題を分離して、いずれが重要であるかを論ずる議論の仕方は誤りである。国民・住民の二面的生活は不可避的なことであり、国民の誰しもが国民としての生活だけでなく住民としての生活もしている。住民としての生活の部分を中央政府の政治のもとにおくか、それとも地方公共団体の自主的な政治のもとにおくかは、すべての国民の生活にかかわる国家の在り方の問題である。

第二に、これもあとで詳しくふれることであるが、トクヴィルがアメリカとフランスの政治の比較のなかで繰り返し指摘しているように、市民が、地方自治体の政治のなかで、その共同生活にかんする問題につき、自分たちでその処理の方針を決定し、あわせてその執行の担当者を自分たちで選任しかつ統制することを日常的に経験することを通じて、主権者の成員としての意識と知識を身につけた「真の市民」に育成される、ということである。そうすることによって、地方公共団体と中央政府は、実を兼ね備えた「真の市民」と主権者をえることができる。トクヴィルは、このような機能を果たす地方自治体を「民主主義の小学校」と呼んでいた。中央集権体制のもとで、市民が自分たちの共同生活に関する問題を政治家（代表）と官僚にゆだね続ければ、市民は政治の「傍観者」となるだけのことで、「真の市民」・実を兼備した主権者の成員とはなれない。共同体精神は、地方公共団体についても国についても、育ちようがない。憲法上、市民の総体としての「人民」を主権者と定めている場合でもそうである。「充実した地方自治」の保障は、その意味で、民主的な国家の要石・土台としての役割をもち、民主的な国家に不可欠のものである。日本国憲法下の五〇余年の憲法政治の経験も、この指摘の正当性を大きくうらづけている。

第三に、中央集権体制か「充実した地方自治」体制かの問題が、憲法問題としては、法学的国家論ともいうべき主権原理にかかわる問題として、近代初頭以来提起されていることにも注目すべきであろう。

君主主権などの主権原理にかんする議論（主権原理論）は、とくにフランスにおいて形成され発展させられた。しかし、それは、一九世紀ドイツの特殊事情によって大きくゆがめられ、日本はいまもってそのドイツ的歪曲から脱け出せない状況にある。主権原理は、もともとは、国内において誰が統治権の所有者であるかを示す憲法原理であり、国家の権限・組織・運営の在り方を定める原理である。それは、立法権・行政権・司法権などの統治の権限を誰の授権により、誰の意思に従って、誰の利益のために行使すべきかを示すものである。

近代以降における主権原理をめぐる主要な争点の一つは、君主を統治権の所有者とする君主主権を否定したのちに、「人民の、人民による、人民のための政治」を徹底して求める「人民主権」をとるか、それともそれを求めない主権原理（フランスは「国民主権《ナシオン》」、イギリスは「議会主権」、ドイツは「国家法人説」）をとるかであった。アメリカ合衆国等若干の国を別として、大部分の資本主義国は、後者を導入した。前者の「人民主権」は、アメリカ等若干の国の場合を別として、近代以降においては、体制の転換を求める変革の原理としてまたは体制内改革の原理として、つまり政治や経済の民主化を求める批判の原理として提示されていた。

あとでやや立ち入って検討するように、「人民による、人民のための政治」を徹底して求める「人民主権」は、その政治のための条件をもつ地方公共団体をも重視し、「充実した地方自治」の体制を求め続けた。「充実した地方自治」の体制は、「人民主権」の原理に内在するものといってもいいであろう。「人民主権」をとるか否かは、「充実した地方自治」の体制を認めるか否かに直結する問題であり、主権原理をめぐる問題は、近代以降においては、地方公共団体の在り方の問題を含みこんだ国家の在り方の問題であった。

六　日本国憲法と「充実した地方自治」の体制

日本国憲法は、国民主権を原理とし、その具体化の一つとして、第八章を「地方自治」にあてている。その国民主権が、アメリカ合衆国の場合と同様に、「人民による、人民のための政治」を徹底して求める「人民主権」を意味するものであるとすれば、保障されている「地方自治」は、アメリカ合衆国の場合と同じくその主権原理に規定されて、「充実した地方自治」の保障を求めるものと解すべき可能性を大きくもつはずである。しかも、「第八章　地方自治」の章立ては、近現代の市民憲法においては、アメリカ合衆国とスイスの州憲法を別として、おそらくははじめてのものであった。中央集権体制をとっていたそれまでの市民憲法と異なって、「地方自治」の重視を憲法の構成に明示した注目すべき現代市民憲法である。たしかにその日本国憲法下でも、現実の憲法政治は、憲法の求める地方自治の在り方を立ち入って検討することもなく、かつてと同じく中央集権の体制をとり続けた。しかし、一九四九年の「シャウプ勧告」や一九五〇年の「神戸勧告」などからも明らかなように、日本国憲法のもとでは「充実した地方自治」の体制をとることが求められているとする見解は、同憲法施行の初期の段階から提起されていた。

あとで立ち入って検討するように、日本国憲法の国民主権、「第八章　地方自治」の章立て、その諸規定（とくに第九二条、第四一条と第九五条）等からみて、日本国憲法が「充実した地方自治」の体制を求めていることは、ほぼ間違いないものと解される。第四一条は、国会の「立法」を原則として全国民を受範者とする一般的抽象的法規範の定立に限定しつつ、第九五条は国会の立法権を「一の地方公共団体のみに適用される特別法」との関係で大きく制限している。旧いドイツやフランスの「自治行政論」で日本国憲法の地方自治制度を解析することは誤りというべきであろう。

第2章　日本の近現代における中央集権の体制と地方自治の軽視

まず、日本についてみておこう。日本の近現代は、地方自治の問題をどのように扱ってきたであろうか。天皇主権の明治憲法下においては、近代市民憲法下の政治としては他に例をみないほどの中央集権体制がとられていた。日本国憲法下の政治（日本国憲法自体ではない）においても、中央集権の体制が継続して維持されている。両憲法のいずれのもとにおいても、「充実した地方自治」の体制を求める思想や運動は弱かった。中央集権体制の弊害が噴出している現在においても、権力担当者だけでなく、学界や国民までもが「充実した地方自治」の体制を求める世界の動向に背を向け、それとは異質の対応をしようとしているようにさえもみえる。長年にわたる中央集権体制の経験は、意識をも歪める。

一　明治憲法と地方自治

明治維新は、近代市民革命ではなかった。それは、旧支配階級のイニシアチブにより、外圧に対応するためにおこなわれた「上からの近代化」であった。明治憲法は、それを反映して、天皇主権、天皇による「統治権の総攬」、法律によればいくらでも制限できる「臣民ノ権利」を特色としていた。また、明治維新は、資本主義の展開を求めて、統一国内市場と中央集権国家の樹立を求めていた。それは、先発資本主義国を追いかける後発国の近代化として、強大な国家権力による資本主義の保護育成を目的としていた。* 「富国強兵」「殖産興業」はそのためのスローガンであり、明治憲法はそのための基本法であった。そこでは、地方自治は、近代市民憲法としては稀なほどに軽視されていた。

＊　維新後、明治政府は、岩倉具視特命全権大使を正使とし、木戸孝允・大久保利通・伊藤博文・山口尚芳を副使とする総勢四八人の視察団を、一八七一（明治六）年一二月から一年一〇か月にわたって、米欧一二か国に派遣した。天皇制国家の枠組みのなかにおける、「脱亜入欧」のための視察旅行であった。帰国後（一八七六年＝明治一一年一二月末）に『特命全権大使米欧回覧実記』（久米邦武編）を刊行している。米欧諸国の法律・政治・経済・文化・自然等にかんする詳細な報告書であるが（法律・政治のみならず、経済活動について資本主義的生産の理論・技術にまでわたって、とくに入念かつ具体的に各国の状況が紹介されている）、維新政府の近代化の姿勢を知るうえで興味深い。なお、『特命全権大使米欧回覧実記』については岩波文庫の全五巻（一九七七〜八二年）を参照されたい。

1　明治憲法における地方公共団体についての無規定

明治憲法には、地方自治や地方公共団体の章がなかっただけでなく、それらについて個別的な規定さえも欠けていた。憲法に地方公共団体の権能・組織・運営にかんする具体的な保障規定がまったくなかっただけでなく、それらの在り方を法律で定めるとする趣旨の規定さえも欠けていた。法律で定めることさえも憲法で規定されていなかったから、美濃部達吉がいうように「〔地方公共団体の在り方を〕政府の専断を以て定めうべきもの」（『憲法撮要』訂正第四版第一九刷・一九三〇年・四〇三頁）と解する余地さえもあった。近代市民憲法としては、異例のことであった。このような異例の憲法体制が、「統治権ノ総攬」を特色とする天皇主権の故もあって、中央集権の体制に順接的であったことは、否定できない。

明治憲法下でも、地方公共団体の在り方は、実際には法律で定められていた。しかし明治憲法における立法手続（政府による法律案の提出が認められ、民選の衆議院と非民選の貴族院の承認および天皇の裁可が必要とされていた）自体からして、成立する法律は、その実体において民意を反映したものではなく、天皇の政府に従属したものとならざるをえないはずであった。

2　明治憲法下の地方制度

維新政府は、明治憲法の制定に先立ち、立憲政治の基礎として、地方制度の整備に着手した。それは、「〔天皇による統治権の総攬を強調した〕ドイツ人モッセの草案を基礎とし、範を当時のドイツにとって」いた（俵静夫『地方自治法』一九六五年・一六頁）。公的事務や自主財源の配分においてはもちろんのこと、団体自治と住民自治においてさえもみるべきものはほとんどなかった。*

＊ (1) **最初の市制町村制、府県制、郡制と自治**

一八八八（明治二一）年、プロイセンにならって市制町村制を法律の形式で制定し、翌年四月からこれを漸次各地方で施行した。また、一八九〇（明治二三）年には、府県制と郡制を制定して、漸次これも施行した（ただし、郡制は、一九二一＝大正一〇年の法律により一九二三年四月以降廃止されている）。

市制町村制の実施に先行して、大規模な町村合併がおこなわれていたことは注目に値する。一八八八年一二月末から翌年一二月末にかけて、町村数が七万一三一四から一万五八二〇に激減している。八〇％弱の減少である。地方自治体としての能力（とくに財政能力）を強化するためといわれていた。一〇〇戸以下の町村数が、合併前に七割弱にまで達していたところからすれば、まったく理由のないこととはいえない。しかし、その合併に自治の観点からは容易には納得しがたい問題が含まれていたことも、無視するわけにはいかない。

合併の直接の原因となったのは、導入された義務教育制についての行政を、そのための費用負担（義務教育用の学校建設費をも含む）もあわせて、町村に担当させたことであった（「機関委任事務」）。富国強兵への国費の優先的投入と厳しい国家財政状況に規定されてのことであったが、歴史的伝統的に形成されてきた自然村的な住民団体を解体して、中央政府の下請け機関としての「行政村」に再編しようとする狙いがあったことも否定できない。自治能力の強化の名のもとに、歴史的に徐々に形成されてきたわずかの自治能力の解体がおこなわれていたのである。

この町村合併の一事は、出現してくる地方制度が、「中央政府の強い統制に服するとともに、中央政府の政策を浸透させる機構としての地方自治制」（家永三郎『歴史の中の憲法　上』一九七七年・一一〇頁）となることを予告するものであった。

(i)　市制町村制　①市町村住民のうち、満二五歳以上の一戸を構える男子で、二年以上当該市町村の住民として市町村の負担を分担し、そこで地租または年額二円以上の直接国税を納入している者は、「公民」として市町村における選挙権・被選挙権をもつとされた。税額による制限を設けたのは、「無知無産ノ小民」に市町村をまかせないためであった。

市では「三級選挙制」、町村では「二級選挙制」という「等級選挙制」がとられていた（たとえば市会議員の選挙については、選挙人総員の納入する直接国税額のうち、その三分の一を納める最上位の選挙人層を「一級選挙人」、その三分の一を納める次の選挙人層を「二級選挙人」、残りの三分の一を収める最下級の選挙人層を「三級選挙人」とし、それぞれ総議員の三分の一を選挙するものとしていた）。納税額の多い者ほど価値の大きい一票をもつ不平等制限選挙であった。議員は名誉職（無給の義務職）で、任期は六年、三年ごとの半数改選制であった。また、内務大臣は、市町村会を解散することができた。

②市長は、任期六年で有給であり、市会の推薦した三名の候補者のうちから内務大臣が天皇の裁可をえて任命するものとされていた。市の助役（有給）および参事会（市長、助役、名誉職参事会員からなる市行政を担当する執行機関で、市長が議長となる）の名誉職参事会員は、市会で選挙されるこ

とになっていた。助役については、さらに府県知事の認可が必要とされていた。町村長とその助役は、町村会が町村の満三〇歳以上の「公民」から選挙するものとされていた。いずれも任期は四年で、名誉職であることを原則とし、府県知事の認可をえなければならなかった。

③市町村は、市町村にかんする一切の事務および法令によって委任された事務を処理するものとされていた。市町村会は、それらの事務について議決することができたが、市町村条例の制定と改正については内務大臣の許可が必要とされ、市町村の起債と負債額の増加については内務大臣と大蔵大臣の許可が必要とされるなど、もろもろの制約も設けられていた。市は府県知事と内務大臣から、町村はさらに郡長からも、多様な監督を受ける立場にあった。市町村長、助役その他の吏員については、府県知事や郡長が懲戒処分権さえもっていた。

また、市町村長は、法令によりもろもろの「機関委任事務」を処理すべき立場にもあった。この事務の処理においては、市町村長は市町村会や市参事会の干与を受けることがなく、その処理に必要な経費は市町村が負担すべきものとされていた。この事務の処理においては、市町村長は、中央官庁から直接に指揮監督を受けそれに責任を負う立場にあった。

(ii)　府県制と郡制　①府県知事、郡長およびその主要な補助機関は、地方吏員ではなく、その設置、組織、身分、定数、権限などを「地方官制」（勅令）で定める国の官吏であった。「地方官制」によれば、知事は、「内務大臣ノ指揮監督ニ属シ各省ノ主務ニ就テハ各省大臣ノ指揮監督ヲ承ケ法律命令ヲ執行シ部内ノ行政及警察ノ事務ヲ総理ス」る存在であった。府県知事と郡長は、第一次的には国の行政機関であった。

府県の議決機関である府県会は、選挙された議員で構成されることになっていたが、住民による直接選挙ではなく、複選制という一種の間接選挙によっていた。郡では、郡会議員と郡参事会員（郡長＝議長と四名の名誉職参事会議員からなる）が、市では市議会議員と市参事会員が、それぞれ会同して府県会議員を選出するものとされていた。郡会議員は、町村会選出議員と大地主（町村税の対象となる所有地の地価の総計が一万円以上の地主）の互選議員で構成されていた。被選挙資格は、府県会議員については直接国税一〇円以上の納入者、郡会議員については大地主、に限定されていた。

②府県と郡の団体自治については、ほとんどみるべきものがない。個別に法令で認められているものを別とすれば、予算作成権、徴税権（府県の場合）、不動産の処分権、営造物の管理運営権等の若干の事項に限定され、それらの権能の行使についても内務大臣その他の国務大臣の指揮監督を受ける立場にあった。その主たる任務は、市町村を指揮監督し、府県・郡の民選機関の行動を内部抑制することであった。

(iii)　最初の地方制度の基本的特色　以上から明らかなように、府県と郡はほぼ全面的に官治行政の場であった。市町村も、基本的にはその官治行政の末端機構であった。したがって、いずれにおいても、団体自治も住民自治も弱体であった。

最初に導入された地方制度は、その後に法律でいく度か修正されるが、最初に導入された基本的性格はその後にも維持され続けた。

(2)　明治憲法下における地方制度の改革

(i)　一八九九(明治三二)年の府県制・郡制の改革　①一八九九年に府県制は、従来の基本的性格を維持しつつも、従来曖昧であった府県と知事の性格・権能等を明らかにし、選挙制度を改正した。府県について、「府県ハ法人トシ、官ノ監督ヲ承ケ、法律命令ノ範囲内ニ於テ其ノ公共事務並従来法律命令又ハ慣例ニ依リ及将来法律勅令ニ依リ府県ニ属ス事務ヲ処理ス」（府県制第二条）と規定した。従来明らかにされていなかった府県の法人格を明示し、その処理すべき事務についても「公共事務」と「団体委任事務」を中央政府の監督のもとで処理すべきものとした。★
知事について、「知事ハ府県ヲ統轄シ府県ヲ代表ス」（同法第七八条）としてその包括的位置づけを明示し、さらに「機関委任事務」を含めてその担当する事務を列記するに至っている。
また、議員の選挙について、複選制を廃止し、「公民」による選挙区単位の直接選挙制度を導入した。また、従来の半数改選制は、全部改選制に改められた。
②府県制の改正と同時に郡制も改正された。大地主議員制を廃止して、「公民」による直接選挙制に改めた。また、郡長の性格・権限等も、知事の場合に準じて改められた。
(ii)　一九一一（明治四四）年の市制町村制の改革　一九一一年に、市制町村制という一つの法律が、「市制」と「町村制」という二つの法律に改められた。改革の要点は、以下のようであった。
①市町村の事務につき、一八九九年府県政の場合と同様に、「市（町村）ハ法人トシ、官ノ監督ヲ承ケ、法令ノ範囲内ニ於テ其ノ公共事務並従来法令又ハ慣例ニ依リ及将来法律勅令ニ依リ市（町村）ニ属スル事務ヲ処理ス」★（市制、町村制の各第二条）とする明文が決められた。「公共事務」と従来必ずしも明らかでなかった「団体委任事務」を、中央政府の監督のもとで、処理するものとされた。また、「機関委任事務」についても、「市（町村）長其ノ他市（町村）吏員ハ法令ノ定ムル所ニ依リ国府県其ノ他公共団体ノ事務ヲ掌ル」（市制第九三条一項、町村制第七七条一項）と規定が明確にされた。
②市町村会について、議員の任期を四年（従来六年）としかつ半数改選制を全部改選制とした。
③市町村長の地位と権限を明確化しかつ強化した。市長は、独任制の執行機関とされた（かつては

市長を議長とする参事会が執行機関であった)。市町村長は、いずれも、「市〔町村〕ヲ統轄シ市〔町村〕ヲ代表ス」る者として、その権限を具体的に例示されるに至った(市制第八七条、町村制第七二条)。また、従来、市参事会および町村会の権限とされていた官吏等の任免が全面的に市町村長の権限とされた。助役の選任についての府県知事による認可の制度も廃止された。

(iii)　大正・昭和期の改革　大正・昭和期にも、いくつか注目すべき改革がおこなわれた。

①その第一は、選挙制度の改正である。一九二一(大正一〇)年、市町村会議員の選挙につき、従来の地租の納入または直接国税二円以上の納入という要件を廃止して、直接市町村税を納入するすべての者に選挙権と被選挙権を認めた。また、三級制であった市会議員の選挙を町村と同様二級制に改めた。府県会議員の選挙についても、一九二二年に納税要件(従来選挙権について直接国税三円以上、被選挙権について直接国税一〇円以上であった)が、選挙権・被選挙権のいずれについても府県内の直接国税の納入者に緩和された。一九二五(大正一四)年に、衆議院議員選挙につき男子普通選挙制度が導入されたことにあわせて、一九二六(大正一五)年に市町村会と府県会の議員の選挙についても、男子普通選挙制度が導入された。これに伴って、市会による市長の選挙の方式が導入され、町村長の選任に対する府県知事の認可の制度が廃止された。

一九二一年の「郡制廃止に関する法律」により、一九二三年四月一日より郡制が廃止された。

②第二は、住民自治・団体自治の強化である。上記の第一もこの点にかかわるものであったが、さらに一九二九(昭和四)年には、府県に条例制定権を認め、府県会・市町村会の議員にも議案の発議権を認め、府県会・市議会の意見提出の範囲を拡大し、府県会議員に議会召集請求権を認めた(市町村会ではすでに認められていた)。

③その第三は、大正デモクラシー期におこなわれた第一・第二の改革と対照的な、戦時下におけるほぼ全面的な自治の崩壊である。明治憲法下においても、地方自治は、徐々に前進していた。しかし、一五年戦争下で、その歩みを止めただけでなく、ほぼ全面的に崩壊した。一九四〇（昭和一五）年の地方税法によって、主要な地方税（戸数割、所得税附課税）が廃止され、地方公共団体は自立のための物質的な基礎を大きく失った。一九四三（昭和一八）年の市町村制・府県制の改革によって、ⓐ市町村会の議決事項を従来の概括列記（公共事務および団体委任事務のすべてに及ぶとしたうえで一一項目を例示していた）から九項目の制限列記に変えて軽易な事項は市町村会の議決を不要とし、かつ市町村会に予算の増額修正を禁止し、ⓑ市町村長・助役の選任方法を変更し（市町村長については一九二六年の改正前のやり方に戻し、助役については府県知事の認可をえて市町村長が任命するものとし）、ⓒ市町村長に市町村内の団体に対する指示権および町内会・部落会に対する指導的地位を認め、ⓓ府県については、府県会の権限を弱め府県知事の権限を強化した。

以上は、戦時下における若干の事例にすぎないが、戦争遂行に必要不可欠な「挙国一致」体制の創出のために、それと抵触する制度は、地方制度を含めてすべて犠牲にされるはずであった。明治憲法には、それを妨げる規定や制度はほとんど存在しなかった。とくに地方制度については、憲法上無規定であったから、法律と勅令によれば、どのような在り方をも創出できた。

(3) 若干のまとめ

明治憲法は、地方公共団体については無規定であった。天皇が統治権を総攬する中央集権体制下で、地方公共団体を認めるか否か、認める場合にどのような法形式によってその権限・組織・運営を定めるかさえも定めていなかった。現実の政治においては、原則として法律で、地方公共団体の存在を認めかつその権限・組織・運営を定めていた。その故もあって、昭和初期まで地方自治の方向へ多少の展開もみられたが、「中央政府の強い統制に服するとともに、中央政府の政策を浸透させる機構」という地方制度の基本性格は一貫して維持されてきた。団体自治と住民自治においてさえもみるべきものはほとんどなかった。

日本国憲法の「地方自治」に積極的に継受されるべきものは、少なくとも明治憲法下の地方制度にはほとんどなかったというべきであろう（それでも、あとでふれる関一の「地方のイニシアチブのもとにおこなわれた都市政策」などはその例外といえるであろう）。ありていにいうならば、積極的にすべきはその中央集権体制に内在する欠陥の批判的な検討ということになるであろう。そして、それを積極的かつ公平におこなうためには、中央集権体制の優越性・普遍性の盲信から解放されかつ近代・現代・「現在」における人類の歴史的な歩みをもふまえて、「なぜ地方自治か」「どのような地方自治か」を一旦は国家の在り方の問題として本格的に考えてみることが不可欠であろう。

なお、明治憲法下の地方制度の動向については、中川剛『地方自治制度史』一九九〇年の第二部のⅠとⅡ、山下健次・小林武『自治体憲法』一九九一年の二七頁以下、橋本勇『地方自治の歩み』一九九五年の第一章などを参照されたい。

★　明治憲法下で、学説は、公共事務を「固有事務」、法令により府県・市町村に委任された事務を「(団体）委任事務」と解し、ドイツの支配的な見解にならって、事務の性質により中央政府の監督のあり方が異なるとしていた。固有事務については「法監督」（違法性についての統制）のみが、委任事務についてはそのほかに「目的監督」（不当性についての統制）も認められるとしていた。しかし、中央政府による監督の在り方をこのように区別してみても、府県知事のような国（中央政府）の官吏が地方公共団体の機関となっている場合には、彼らは地方公共団体の固有事務を処理する場合にも原則としてその上級官庁（内務大臣のみならず、内閣総理大臣・各省大臣も、知事の権限が広かったので、上級官庁の地位をもっていた）の機関監督に服することになっていたから、委任事務との区別が意義を失ってしまうおそれもあった。また、固有事務と委任事務を区別すること自体が困難であり（一般的には地方公共団体の「存立の目的」に属す事務が固有事務とされていたが、その「存立の目的」の意味を確定することができなかったという）、しかも、公共事務と考えられるものについても、法令はしばしば特別の定めをしていたので、二つの事務を区別する実益はさらに小さくなるはずであった（固有事務と委任事務の区別に関する問題については、宮沢俊義「固有事務と委任事務」同『公法の原理』一九六七年を参照）。

二　日本国憲法と地方自治

1　国民主権と「第八章　地方自治」

日本国憲法は、前文第一段と第一条で国民主権を宣言し、かつ国民主権の具体化の一つとして、その第八章を「地方自治」にあて、第九二条から第九五条で地方自治の理念と数々の具体的な保障をしている。かつての天皇主権とそのもとにおける中央集権の体制を全面的に克服しようとしている。しかし、中央集権の体制を当然視する伝統的意識は、国民主権と「第八章　地方自治」にもかかわらず、現実の憲法政治にごく自然に継受された。

2　憲法政治における地方自治の軽視

(1)　民間草案の態度と占領軍総司令部のコメント

日本国憲法草案（「帝国憲法改正案」）の作成過程において、もろもろの新憲法草案が発表された。しかし、政府の「憲法改正要綱」のみならず、憲法研究会の「憲法草案要綱」や高野岩三郎の「憲法改正私案要綱」を含む民間草案の大部分も、地方自治については独立の章はおろか単一の条文さえも設けていなかった。* 総司令部は、「改革および再建に関心を持つ人々の考察から、どうしてかかる重要な事項がもれたのか、考えがたいことである、……彼らが中央集権の理念を余りにも深く教え込まれていたか、或は、地方自治は国会に委せることのできる小さな事項にすぎないと考えられていたか、何れかである」としていた（総司令部民生局「日本の政治的再編成――一九四五年一〇月より一九四八年一〇月に至る」憲法調査会事務局『憲法資料・総論』第一号・一九五六年。清水伸編著『逐条日本国憲法審議録第四巻』一九六二年・六四三頁による）。このような憲法意識・地方自治意識のもとでは、次にみる大村内務大臣のような憲法第九二条論がでてくるのは、むしろ自然のことでさえもあった。

＊　以下のような例外もあった。佐々木惣一案（「帝国憲法改正ノ条項」、一九四五年一一月二四日上

奏）は、「第七章　自治」を設け、①「国必要を認むるときは」法律の定める地方団体等にその名による統治をおこなわせることができるが、その「自治体は国の監督を受く」（第九〇条）、②自治体の事務の決定者と執行者の選任は法律に別段の定めある場合を除き住民がおこなう（第九一条）、③自治体の構成、組織、権限等は法律で定める（第九二条）、としていた（清水伸編著・前掲書第四巻三〇四頁による）。また、一九四六年六月二九日発表の共産党の「日本人民共和国憲法」（草案）は、「第六章　地方制度」を設け、①村・町・市・県等の地方制度を認めかつ「地方制度は法律にもとづいて運営される」（第七六条）、②地方制度は、平等・直接・秘密・普通・比例代表選挙によって選ばれる地方議会を基礎として運営される（第七七条）、③各級の地方議会はそれぞれの行政機関を選任し、行政機関はそれぞれの地方議会と上級行政機関に責任を追う（第七八条）、④各地方議会はその行政機関の活動の統轄・地方予算の審議・法律の範囲内で地方的問題の議決や命令の発布をする（第七九条）、ものとしていた（清水伸編著・前掲書第四巻四三三〜四四二頁による）。

これらの例外も、「充実した地方自治」を求めるものとはいえないものであった。

(2) 憲法制定時の政府答弁

日本国憲法を審議した第九〇帝国議会においては、日本国憲法は「充実した地方自治」を求めるものであるとか、地方自治の積極的な強化を求めるものであるとは、必ずしも解されていなかった。たとえば、以下のような質疑応答さえもあった。松村真一郎貴族院議員が「今度自治制と云うことを麗々しく書きましたけれども、これは自治を特に奨励すると云うような、えらい力をいれて居るものではなく……〔それを〕特別に奨励するということを具体的に択ぶ必要はない」ものとの確認を求めた。これに対して、大村清一内務大臣は、「憲法の第九十二条は……自治をどうしても認めなければならぬ、又大いにこれを推進させなければならぬと云うような意味はないものと私も考えます」と答弁していた（貴族院帝国憲法改正特別委員会・一九四六年九月二五日、清水伸編著『逐条日本国憲法審議録第三巻』一九六二年による、以下も同じ）。国民主権のもとにおける地方自治の保障にもかかわらず、また憲法が独立の章をそれにあてているにもかかわらず、その推進は憲法の求めるところではないとする答弁が所管大臣からされる始末であった。* 大村内務大臣は、「現在の地方制度の建前は、……憲法改正後〔日本国憲法制定後のこと〕に於きましてもこれを維持していった方が適当であろうと云う結論に達して居る」「今後の地方行政の組織も根本には現状と余り建前を変えないでやって行く」とも述べていた（衆議院憲法改正特別委員会・一九四六年七月六日）。明治憲法下における地方制度の建前を日本国憲法下でも維持することは、日本国憲法を提案した政府の既定の方針のようであった。

＊　当時の政府答弁のすべてが大村内務大臣のような方向性をもっておこなわれていたわけではないことにも、留意すべきであろう。時代の変化と憲法の質的転換を自覚し、地方自治の強化の必要性を認める政府答弁もあった。

たとえば、憲法問題担当の金森徳次郎国務大臣は、以下のように述べていた。「この憲法自身の建前が、従来のこの国家中心と云うことに非常に重点をおきましたのと違いまして、個人の尊厳と云うところに相当の重点を居いております。それと同じよう〔に〕……今度は地方公共団体の独立的存在と云う所に相当の重点をおいておりま〔す〕」「〔地方自治は国家の事務を地方に分担させるにすぎないとの見解が一般化しているようであるが〕必ずしもそうではないのではなかろうか。個性の尊重が尊ばるるならば、同時に地方自治団体と称する一種特別なる存在の個性と云うものも尊重せらるべきである」「今後は、従来と面目を異に致しまして、本当に地方自治制が光を発して行く、斯う云う風な建前になって居る次第でありまして、恐らく今後僅かの間に地方公共団体は従来と面目を異にする原理と実際とに依って運営されて来ると考えております」(貴族院憲法改正特別委員会・一九四六年九月二五日)。

(3) 日本国憲法下における中央集権政治の継続

日本国憲法施行後においても、当然のことのようにして、中央集権の政治が継続した。「三割自治」は、その事態を具体的、直截的に示すものであった。それは、地方公共団体の日常の事務において地方公共団体が自主的に処理できる事務の割合が極めて少ないことを示すとともに、地方公共団体がその政治を自主的におこなうために必要な自主財源*の割合が小さいことを示すものである。憲法による「地方自治」の保障にもかかわらず、地方公共団体は、自治体としての実体を大きく欠き、中央政府(市町村の場合は中央政府と都道府県)の下請け機関の状態におかれてきたのである。

憲法政治における地方自治制度の実体については、あとでやや立ち入って検討する。

＊　「依存財源」に対する。依存財源は、地方公共団体の収入のうち、中央政府（市町村の場合は中央政府と都道府県）から交付されるものをいい、地方交付税、地方譲与税、国庫支出金、都道府県支出金、地方債である。自主財源は、地方公共団体がみずからの権限に基づいて収入するもので、地方税、使用料、手数料、財産収入、寄付金、繰越金等である。

3　学界も国民も軽視

日本国憲法下の憲法政治において、憲法軽視の双璧が「第二章　戦争の放棄」と「第八章　地方自治」であることについては、さして異論はあるまい。しかし、第二章と第八章では、憲法政治の在り方に対する学界と国民の対応は、明らかに異なっている。

(1)　「戦争放棄」の場合

日本の憲法学界は、「戦争の放棄」にはこだわり続けてきた。九〇年代に入っても、たとえば、一九九一年一一月一八日朝日新聞朝刊発表の憲法研究者のアンケート調査結果によると、自衛隊を違憲とする者は八四％（合憲とする者一一％）、また、一九九七年一一月二日の朝日新聞朝刊発表のアンケート調査結果によると、自衛隊を違憲とする者は七五％に達している。「戦争の放棄」にこだわる学界は、さらに、容易にはつきくずせない第九条の解釈論を築きまた第二次世界大戦後の現在における第九条の軍事的・政治的・経済的・財政的な積極的意義を解明している。

国民も、「戦争の放棄」には大きくこだわっている。たとえば、朝日新聞の一九九七年四月二六日朝刊発表の世論調査結果によると、憲法で「戦争を放棄し、軍隊はもたない」と決めたことをよかったと思う者八二%、憲法の戦争放棄はアジアの平和に役立ってきたと思う者七二%、憲法の戦争の放棄の考え方がこれからの世界の平和に役立つと思う者七三%、「戦争を放棄し、軍隊をもたない」と決めている第九条を変えないほうがよいと思う者六四%に達している。また、朝日新聞の二〇〇一年五月二日朝刊発表の世論調査結果では「憲法九条を変えない方がよい」が七四%となっている。憲法第九条を積極的に評価する国民が多数を占めている。

(2)「地方自治」の場合

しかし、「第八章　地方自治」には、「第二章　戦争の放棄」の場合と対照的ともいいうる程に、学界も国民もこだわっていない。

(i)　こだわらない学界　　日本の憲法学界は、日本国憲法下においても、地方自治の問題をほぼ一貫してマイナーな問題と考え、その研究・教育に力を入れてこなかった。地方自治の憲法論や基礎理論を主要な研究課題としている憲法研究者は、現在もなお極めて少数である。また、憲法の教科書においても、地方自治の章の検討に割り当てられている頁数は異様なほどに少なく、憲法の講義においても、その部分は「第七章　財政」とともに省略されがちである。

そのような憲法学界の姿勢を正当化する考え方として、以下のようなものがあげられがちである。

その第一は、「ジャコバン主義的民主主義論」ともいいうる中央集権的民主主義論である。たとえば、以下のようである。「地方自治は、要するに、民主主義を実行するひとつの方式にすぎない。国〔中央政府のこと〕の政治体制が民主化の程度を高めるとともに、国による地方公共団体に対する監督もまた民主的な性格を有することになるから、地方公共団体を国に従属させること、すなわち、いわゆる中央集権がかならずしもつねに無条件に非民主的であるというわけではない」（宮沢俊義著・芦部信喜補訂『全訂日本国憲法』一九七八年・七六〇頁）。「殊に中央政府が民主化するに比例して、地方自治の独立の必要性は減退する」（田上穣治『憲法撮要』一九六三年・二三一頁）。地方自治は民主主義にとって必ずしも不可欠のものではなく、重要なことは中央政府の民主化だとする考え方である。

その第二は、現代における広域行政の必要性を強調する「新中央集権論」ともいうべきものである。各地域が自給自足的な生活を営んでいたかつての時代と異なり、現代においては、交通や通信などの発達によって国民の生活圏が拡大し、各地域の相互依存関係が強化されている。しかも、それに加えて、現代市民憲法における社会国家理念（福祉国家理念）の導入に伴い、全国民に地域を超えて一定の生活水準を保障することが求められ、そのために資源・財源を地域を超えて総合的に利用することが必要とされている。それらのいずれからも、中央集権的広域的な政治が必要とされているとする。

その第三は、地方自治体の軽視と中央集権体制の正当化につながりやすい旧い地方自治権論がいぜんとして維持されていることである。フランスやドイツでかつて支配的であった「伝来説」「承認説」やその亜流の考え方が当然のことのようにして地方自治の基礎に据えられていることである。日本国憲法においても、統治権は単一・不可分のものとして国に属するから、国に由来しない固有の自治権はなく、どの自治権も大なり小なり国の統制に服するというものである。たとえば、宮沢教授は、第九二条の「法律で」定めるとは、「地方公共団体は、国から完全に独立な存在ではあり得ず、国の権力から独立な固有権というようなものをもつわけでもなく、その存立の根拠は、もっぱら国の権力にあることを意味する」とともに、「地方公共団体に関する事項は、憲法の範囲内で法律〔形式的意味での法律〕で定められるべきもの」であることを意味するとし、かつ「地方公共団体も、国家体制の一側面にほかならず、……地方公共団体と国とのあいだには、不可分の連関関係がある。……国の監督から完全に独立な地方公共団体というものは、ことの性質上、考えられない」とも述べている（宮沢・前掲書七六〇〜七六一頁）。この種の見解は、宮沢説に限られない。地方自治権の具体的な内容は、憲法を前提としてのことではあるが、法律の授権によって定まり、中央政府がその行使を指揮監督することは、地方自治制度に本来組み込まれているものということになりそうである。*

その第四は、かならずしも学界のものとはいえないが、地方公共団体の政治能力は本来弱く、それに大きな権能と財源を託すことは、レベルの低い政治を国民に強要することになりかねないとする、地方自治・地方公共団体に対する不信論ともいうべきものである。「日本国憲法がわが国に『地方自治』の導入を宣言してから五十余年、わが国における地方自治制度の具体的な姿は、見ようによっては、……地方ないし地方住民に対する国（霞ヶ関）の不信感の当否をめぐってのせめぎあいであった」とする指摘もある*（藤田宙靖「地方自治――『地方分権』の理論的枠組み」藤田宙靖・藤田紀子『広瀬川を望む丘にて』二〇〇〇年・一九六頁）。

* このような憲法学界の姿勢を支える考え方については、あとで立ち入って検討するが、ここでは、第三と第四の考え方について若干の指摘をしておきたい。

まず、第三について。統治権が「国」の所有物であることは間違いないが、そのことから国内でその統治権がどのように行使されるかがただちに決まるわけではない。中央政府は、統治権（統治の権利）の所有者としての「国」ではなく、地方公共団体とともに統治の権限を行使する存在にすぎない。中央政府がどのような権限をもち、地方公共団体とどのような関係をもつかは、憲法原理とそれに規定される憲法条項の定めるものである。近代のドイツで形成された国家の概念や旧い「伝来説」的な地方自治権論を普遍的なものとして日本国憲法の解釈運用にもち込むことには、根本的な疑問がある。憲法の原理と規定の仕方いかんによっては、地方公共団体が自治の権利を保障されることもありうることである。この点については、あとで若干立ち入って検討する。

第四について。「霞ヶ関」に地方・地方住民に対する不信感があったことは、否定しがたい事実であろう。しかし、それを理由に中央集権体制に固執したり、それを正当化したりしているわけにはいかない。地方公共団体に権能も財源も認めず、中央政府が日常的に介入するような状況のもとでは、自治能力が育たないのが当然である。地方の自治能力を問題にするのであれば、中央集権体制の問題点の一つとして検討するのが筋であろう。また、強大な権限と財源をもつ中央政府の政治家と官僚の指揮監督のもとで現実にどのような政治・経済・文化が「国民」と「住民」にもたらされたかも、考えるべきであろう。構造的汚職、政治不信、立憲主義と法治主義の崩壊、経済・財政・社会・教育・文化の破綻状況についてのもっとも大きな責任が彼らにあることは否定できないのではなかろうか。政治家は自己の利益の追求にふけり、秀才の高級官僚も「全体の奉仕者」性を忘れがちであった。日本でも、「充実した地方自治」を対案とする以外に対処の方法がないようにみえる。

(ii)　国民も　　学界についてもいいうることであろうが、国民は、(i)で指摘しておいたような考え方によって支えられてきた中央集権の体制を、明治憲法下の経験をもふまえて、日本に当然のものとする憲法意識のもとにあった。「中央政府→都道府県→市町村」の強固な序列意識や中央政府を「国」と呼ぶ伝統的な表現方法は、それを象徴的に示すものといっても間違いではあるまい。

(iii)　育たない「充実した地方自治」の考え方　　日本は、後発資本主義国として、明治憲法下でとくに強烈な中央集権体制を経験した。日本国憲法下でも、現実の政治は、「戦後復興のために」またはその後の「高度成長のために」、(i)でみてきたような考え方を支柱とする中央集権の体制をとってきた。政府与党の求める「国策」のための中央集権であった。各地域の政治的・経済的・文化的発展、住民自治とそれを支える国民主権の原点、総じて日本国憲法の求める国家の在り方などは、二の次であった。たしかに、地方分権を含めて地方制度の改革も計画されときには実行に移されもしたのだが、その度ごとに、政治家や中央官僚の抵抗によって改革が挫折したり弱められたりしたことや、市町村合併が並行して進められたことなどは、その証となるものである。このような状況のもとでは、「充実した地方自治」の考え方、それを核とする国家の在り方、中央政府と地方公共団体の関係を国民生活に不可欠な公務の分担者（したがって対等者）の関係とする考え方は、育たなかった。

国民主権、「第八章　地方自治」にもかかわらず、それらは軽視され続けた。

三　地方自治を軽視する憲法政治の帰結

日本は、日本国憲法下においても、中央集権政治にふけった。西欧諸国の場合と較べて、その危険性に対する批判は、学界においても中央・地方の政治の場においてもまた思想や運動の面においても、格段に弱かった。「充実した地方自治」体制との比較のなかで中央集権体制を評価することを忘れ、ひたすらに中央集権体制をとり続けた憲法政治は、「ブレーキをつけない暴走車」ともいうべきものであった。そのつけは大きいはずであった。あとで若干立ち入って検討するように、そのつけは、地方公共団体の下請け機関化、利益誘導政治の蔓延と構造的汚職、「全国民の代表」とそれを統制すべき真の主権者・国民（その成員としての「真の市民」）の不在の状況であり、「過疎・過密」の表現で示される各地域の生活・産業・文化の衰退や崩壊であった。それらは、日本国憲法の「地方自治」の崩壊のみならず、日本の政治的、経済的および文化的破綻をもたらす一要因となるはずであった。

中央集権体制のもとにおけるこのような衰退・崩壊・破綻は、日本の場合に限られない。たとえば、ソ連＝東欧型社会主義国は、それを一要因として、その国家体制自体を消滅させてしまった。西欧、北欧、それに中東欧の諸国が、中央集権体制の破滅的な性格を認識して、それぞれの方法で「充実した地方自治」の体制を志向していることは、よく知られている。しかし、日本の憲法政治は、なお、これらの諸国と同方向の対応をしようとしているようにはみえない。現に進行している日本の地方制度改革は、改革の原理・原則をそれらの諸国の場合とは異にしているようにさえみえる。

第3章　「なぜ地方自治か」「どのような地方自治か」

日本の中央集権政治も、失敗した。その失敗の後においても、日本は、なお、そのことに気づかず、他の諸国と異質の対応をしようとしているようにみえる。「なぜ地方自治か」「どのような地方自治か」「中央集権体制にどのような問題があるか」などの地方自治の基本問題・基礎理論を国家論の問題としてつめて検討してこなかったからであろう。日本国憲法制定時に、占領軍総司令部は、地方自治を軽視する政府と国民の対応に驚愕した。それらの憲法意識と自治意識、およびそれを支える中央政府と地方公共団体の在り方と関係についての基礎理論が変わらなければ、国民主権と「第八章　地方自治」のもとにおいても、驚愕すべき状況は継続する。そして、その状況は、やがて政治的、経済的、文化的な破綻の要因となる。

一　従来の地方自治の基礎理論とその問題性

「第八章　地方自治」が憲法に導入されたあとにおいては、「なぜ地方自治か」「どのような地方自治か」をはじめとして、地方自治の在り方につき原理的な検討を本格的にしなければならないはずであった。しかし、日本国憲法下においても、そのための本格的な検討は、ほとんどおこなわれなかった。中央集権体制のための原理的な検討の状況と較べれば一目瞭然である。日本国憲法下における地方自治の主要な正当化論は、「民主主義の小学校論」と「権力分立論的な正当化論」である。この両者のうち、とくに前者はどの憲法教科書にも登場している。しかし、「どのような地方自治か」、とりわけ「充実した地方自治」体制の問題については、憲法学界は関心を示さなかった。

1 「民主主義の小学校論」と「権力分立論的な正当化論」

「民主主義の小学校論」は、国民が地方公共団体において「真の市民」となるために必要不可欠な訓練を受けることによって市民（主権者の成員）としての意識と知識を身につけることができる、とするもののようである。このような小学校論は、トクヴィルの『アメリカにおける民主主義』（一八三五、一八四〇年）やJ・ブライス（J. Bryce, 1858-1992）の『アメリカ共和国』（一八八八年）や『近代民主政治』（一九二一年）などに由来するものとされている。また、「権力分立論的な正当化論」は、自由な政治においては、中央政府について権力の分立が求められるだけでなく、中央政府と地方公共団体の間にもそれが求められる、とするものである。

2 その問題性

いずれの正当化論も、無視するわけにはいかない、重要なものである。しかし、それらが、中央集権の体制を当然のものと考えている権力担当者や国民との関係で、十分な説得力をもち、地方自治の必要性・重要性を正当化できているかについては、なお疑問が残る。ありていにいうならば、十分な説得力をもちえなかったからこそ、今日まで、国民主権・「第八章 地方自治」にもかかわらず、「地方自治はマイナーな問題」とされ続け、中央集権の体制が維持されてきたのではなかろうか。もう少し具体的にいえば、以下のようである。

第一に、「民主主義の小学校論」が十分な説得力をもちうるためには、どのような在り方の地方自治が条件となるか、とくにそれを強調したたとえばトクヴィルがどのような地方自治の体制を念頭においてそれを展開していたか、が検討されていないことである。地方公共団体の権限と自主財源を大きく制限し、市民の役割を事実上首長と地方議会議員の選挙だけに限定しているような地方自治であれば、そのような機能は望むべくもない。日本の地方自治の現状は、そのような機能を欠く格好の事例かもしれない。地方公共団体の選挙においてこそ、棄権率が高く、政治への無関心の度合いが大きい。真の市民の不在状況は、地方公共団体において際立ち、そこにおいてこそつくられている、といえなくもない。

あとでふれるように、トクヴィルは、各地方公共団体の住民の共同生活にかんする問題の処理を原則としてその地方公共団体の事務とし、住民の参加によってその事務を処理する（たとえば、住民総会で方針を決定し、その執行を住民が選挙した委員会に担当させ、その委員会による執行を住民が統制する）ような地方自治（「充実した地方自治」）においてこそ、住民共同体が形成され、主権者の成員としての意識と知識をもった「真の市民」が創出されるとしていた。

第二に、このような地方自治の正当化論のみでは、すでにみておいたような中央集権体制の正当化論に対抗できないのではないかということである。具体的には、このような地方自治の正当化論を「充実した地方自治」論によって補完しつつ、さらに、中央集権体制の問題性をその正当化論と中央集権体制の現実の両面にわたって検討することが必要になるということである。

これらの課題は、二以下で検討することにしたい。

二　中央集権体制の問題性

地方自治が「民主主義を実行するひとつの方式にすぎ」ず、中央政府の政治と地方公共団体の政治が「中央政府が民主化するに比例して、地方自治の独立の必要性は減退する」ような関係にあるとすれば、ジャコバン主義的中央集権的民主主義論が関心を集めるのは当然のことである。しかし、問題は、それ程簡単ではないようである。中央集権の体制には、無視するわけにはいかない大きな限界や難点がある。それに、中央集権体制のもとでは、政治的にも経済的にもそして文化的にもうまくいかないという経験的な事実もある。

1 中央政府の政治の特色と限界

中央政府の政治においては、民主主義の実現を標榜している場合でも、「人民による政治」も、「人民のための政治」も不十分なものとならざるをえない、構造上の限界というべきものがある。

(1) 「人民による政治」の困難性

中央政府の政治は、ことの性質上、国民代表制を原則とせざるをえない。直接の民意による政治(もろもろの直接民主制)は、現在においても、憲法改正などごく例外的な事項に限定されがちである。たしかに、現代の国民代表制は、近代のそれと異なって、「直接民主制の代替物」となることを求められ、そのために必要な諸条件を具備していなければならないとされている。あとで立ち入って検討するように、議会構成が民意の分布状態の縮図となることを求める「社会学的代表制」の条件、重要問題を実在の民意に従って処理すべく公約選挙や民意を確認するための議会解散制度などをとり込んだ「半代表制」の条件などを具備することである。しかし、国民代表制は、現実には、もろもろの危機の常駐(経済や財政の危機、構造的汚職、冷戦状況、南北問題、民族的宗教的対立、グローバリゼーション等々)とそれへの迅速な専門技術的な対応を必要とする「行政国家」状況に押されて、国民不在の官僚政治やむき出しの党派政治になりがちである。近時の日本においてはその傾向がとくに目立つ。「歴史的な」とも形容しうる重要な諸課題が、必要最小限の議論もなしに処理されている。ガイドライン関連法、地方分権一括法、国旗・国歌法、通信傍受法、もろもろの独立行政法人化法、船舶臨検法、テロ対策特別措置法、〇四年の有事七法等枚挙にいとまがない。

(2) 不十分となる「人民のための政治」

右の(1)で指摘しておいたような現代代表制の諸条件を欠く中央政府の政治が「人民のための政治」に反する結果をもたらしがちなことは、あらためて指摘するまでもあるまい。中央政府の政治は、それとは別に、「人民のための政治」との関係で本来一定の限界をもっている。

中央政府の政治は、その基準を、原則として、「一般的抽象的法規範」として法律で定めなければならない。「一般的」とは全国民を対象とするということであり、「抽象的」とはすべての事件に適用されるということであり、要するに、政治の基準となる法律は、特定の国民や事件、一部の国民や事件を対象とするものであってはならず、全国民・全事件に適用されるものでなければならない、ということである。すべての国民が不可侵の人権をもち、法的に平等の価値であるとされている憲法のもとでは、国民代表（議会）による「立法」は原則として一般的抽象的法規範を法律の形式で定立するということにならざるをえない。このことは、不可侵の人権と「法の下の平等」をとり込んだ憲法においては、近代の初頭から認められていた。たとえば、フランス革命期には、「法律は、保護を与える場合にも、処罰を加える場合にも、すべての者に対して同一でなければならない」（一七八九年人権宣言第六条第二文）旨が繰り返し表明されていた。この立法概念が日本国憲法下においても原則として妥当することについては、学説上ほとんど異論がない。*

中央政府の立法は、その意味で、自然的および社会的諸条件を異にする各地域の多種多様な相異なる要求に本来応えることができず、またその意味で、中央政府は本来全国民的な性質・性格の事項や中央政府の存立にかんする事項の担当にしか適さない、という限界をもっている。中央政府が各地域の事情を熟知していないということをも考慮すればなおさらのことであろう。日本国憲法が、国会議員を「全国民の代表」と定め（第四三条一項）、第八章を「地方自治」にあてかつ第九五条で「一の地方公共団体のみに適用される特別法」について国会の立法能力を制限していることの意味を再考すべきである。

＊　日本国憲法を含めて現代市民憲法は、社会国家（福祉国家）の理念を導入して、社会経済的弱者に対する特別の保護および社会経済的強者の経済活動の自由と公共性の強い経済活動の自由に対する積極的制限を求めかつ認めている。この目的を達成するための立法については、一部の国民のみを対象とすることが認められる。生活保護法や私的独占禁止法などは、その代表例である。なお、国民を直接の対象としない政治の基準について、このような制約がないのはいうまでもない。

2　中央集権体制の弊害

右の1でみて＊おいたような特色と限界をもつ中央政府の政治をその担当に適さない地方的な性質・性格の事項や地方公共団体で効果的に対処できる事項にまで拡張する中央集権の体制は、1の

(1)と(2)の問題性を拡大強化するだけでなく、さらにもろもろの弊害をもたらしがちとなる。日本の場合を念頭におくと、その弊害は以下のようになる。

* 地方的性質の事項とは、他の地方公共団体や中央政府には本来関係ない事項を意味し、地方的性格の事務とは、情況のいかんによっては他の地方公共団体や中央政府にも影響する事項を意味する。

(1) 地方公共団体の下請け機関化

あとで検討するように、日本国憲法の「第八章　地方自治」からすれば、憲法上存在を認められている地方公共団体は、中央政府とともに公の事務を分担し、それを自主的に処理する「地方自治体」「地方自治政府」(local self-government) でなければならないはずである。しかし、現実には、「三割自治」の状況にある。地方公共団体は、その本来の事務ではない機関委任事務の処理に忙殺され、その自主財源の比率もきわめて小さい。下請け機関の状況である。今回(一九九九年)の地方自治法等の改正でも事態が質的に改善されたとはとうていいえない。機関委任事務に類する法定受託事務が大量に残り、自治事務への外部的関与(たとえば是正要求)はむしろ強化されているといえなくもない。しかも、自主財源の改善にはほとんど手がつけられていない。

(2) 利益誘導政治と構造的汚職

地方公共団体で効果的に処理できる事務を中央政府の担当事務としかつ中央政府に過大な税財源を留保しておくと、中央政府の担当者である国務大臣や国会議員は、自己の再選確保のために、出身選挙区への公共事業の誘致、出身選挙区のための補助金や許認可の獲得などに専念しがちとなる。選挙区へのそのような利益誘導は、自己の再選を容易にするという意味で自己への利益誘導となるだけでなく、誘導した公共事業等を自己の影響力のもとで特定の企業等に担当させることにより、「構造的汚職」とも呼ばれる政治家と企業等との腐敗関係をもたらしがちとなる。田中角栄、金丸信等の事例はその代表的なものであるが、それらがきわめて例外的なものでないことは確かである。現実の経験をふまえた「構造的汚職」の表現はそのことを示している。

この点と関連して、「陳情行政」にもふれておくべきであろう。利益誘導を確保すべく、都道府県や大都市はおしなべて東京事務所を設け、一定の職員を常駐させて「陳情行政」を担当させている。★

★ 以下のような指摘もある。行政の場にいる執筆者のものだけに注目に値する。「補助金については、国庫補助に伴う陳情行政の弊風、超過負担の問題、さらに、各省がその行政を通じて、地方財政に好ましからざる指示、指導を行う例があること等の問題がある。とくに国庫補助負担金については、その交付額の決定の基準が曖昧であり、どのような手続で、どの機関がどのような判断で決定されたかは直接その補助金の交付に関係した者以外は知り得ないという実情にある。このため、この補助金獲得のため、府県は多数の陣容を整え、国は補助金を交付するために多数の人員を擁し、政治家等行政に直接責任を有しないものが、他の権限をたてに、この補助金の交付に関与し、その他関係者が陳情、視察を繰返すこと等、補助金の交付に関する冗費、非能率は、はかり知れないものがある。また、補助金の交付を通じて国の各省庁が地方公共団体に介入するケースも多いこと……」(『新版　地方自治辞典』一九八六年・五九七頁)。

(3) 全国民の代表と主権者・国民の不在の状況

すでに(2)で指摘しておいたように、中央政府の政治家は、「全国民の代表」であるにもかかわらず、憲法上の本務である全国民のための仕事と本格的な取り組みをせずに、出身選挙区への利益誘導に専念しがちとなる。その方が自己の再選や政治資金の確保など自己への利益誘導につながるからである。このようにして、「全国民の代表」の不在状況がもたらされがちとなる。

この状況に連動して、主権者・国民の不在ももたらされがちとなる。目前の可視的な利益に眩惑されて、国民も、利益誘導に専念する政治家の統制を忘れ、さらにはそのような政治家を歓迎するようになる。そして、ときには、汚職事件で実刑判決を受けた政治家を「選挙区の恩人」と評価して、これに積極的に投票するようにさえもなる。主権者の役割を放棄して、汚職を免罪し、利益誘導をしうるほどの有力な政治家をもたない選挙区の犠牲において、「受益者」兼「加害者」となることを甘受する。

中央集権の体制は、地方公共団体から「真の市民」を創出する「民主主義の小学校」の役割を奪ってしまうだけでなく、地方公共団体を「民主主義の屠殺所」にさえもする。中央集権の体制を解消しないかぎり、地方公共団体がこのような状況に陥ることを阻止するのはむずかしい。

(4)　各地域の発展の困難性

中央集権の体制は、各地域における生活・産業・文化の発展を困難とし、「過疎・過密」をもたらしがちとなる。中央集権体制のもとでは、地方公共団体は、その発展のために必要不可欠な権能も財源も欠いているからである。日本においては、各地域は、「過疎・過密」と表現される状況にまで落ち込んでいる。過疎地域は、地域の産業・文化の担い手である青年を失い、その主要な産業・文化の崩壊をきたしながらも、新しい産業・文化を育成できないでいる。また、青年たちが集中する過密地域においては、中央政府の土地政策の無策状況もあって、住民に住宅を確保することも困難となり、第二次産業の空洞化や「バブル経済」とその破綻をもきたしている。過疎、過密のいずれの地域においても、産業の活性化も、生活の安全も、そして地域文化の維持・発展も困難とされている。

各地域において、生活・産業・文化の発展が困難になるということは、日本の全体においてそれらの発展が困難になることを意味する。

(5)　中央集権体制の破滅的性格

中央集権体制は、二重の意味で破滅的性格をもっている。

第一に、それは、特定の方針（たとえばA）を全国的に貫徹し、その他の考慮に値する方針（たとえばB、C、Dなど）を排除できることを特色とする。その特定の方針Aが誤っているときは、そのマイナス効果が全国に及ぶ。また、他の方針B、C、D等を試行することができないために、より優れた方針の発見や実施に遅れがでることも避けられない。日本における全国一律の減反政策と専業農家の育成の失敗、それに由来する農業の崩壊と主食についての安全保障の喪失は、その典型的な一例であろう。

第二に、中央集権体制の破滅的性格は、民主主義の面においても深刻である。この点は、すでに述べておいた**1**および**2**の⑴、⑵、とくに⑶から明らかなことである。ここでは、次の点を追加的に指摘しておきたい。中央集権の体制は、各地域の住民からその共同生活にかんする事務につきみずから方針を決定しかつ執行する機会を奪い、住民を政治の傍観者としてしまうことである。ここでは、主権者の成員としての意識と知識をもった「真の市民」は育ちようがない。地方公共団体がそのような機能を果たす「民主主義の小学校」になれるはずもない。この意味では、中央集権の体制は、主権者・国民の成員である市民を政治の傍観者とする「独裁政治の一形態」と規定されざるをえなくなる。この点については、あとで、トクヴィルによりつつさらに検討する。

中央集権政治は、このようにして、地方住民の生活のみならず、全体としての国民生活をも政治的にも、経済的にも、そして文化的にも困難とし、破綻に導く要因となる。このことは、日本においてのみならず、世界的な規模においても明らかにされつつある。

三　「充実した地方自治」体制のもたらすもの

このように、中央集権の体制には看過できない多くの難点がある。それは、地方自治の制度によって克服することができるはずである。もちろん、何らかの地方自治制度を導入すれば足りるというわけではない。中央集権体制の欠陥を克服しうる原理と構造をもった地方自治の制度でなければならない。そのような地方自治の在り方は、近現代の憲法史における制度・思想・運動、第二次世界大戦後の「現在」における憲法や条約を通じて、次第にその姿を明確にしまた一般化しつつある。その展開の過程についてはあとで検討するが、ここでは、そのような地方自治の在り方を「充実した地方自治」と呼び、それを不可欠の要素としている国家を「充実した地方自治」の体制と呼ぶことにしたい。

1　「充実した地方自治」の体制とは

すでに簡単にふれておいたが、もう一度「充実した地方自治」体制の特色をやや詳細に確認しておこう。それは、人権の保障を目的とし、「人民主権」を原理とする以下のような特色をもった在り方の地方自治を保障する国家の体制を意味する。なお、「人民主権」とは、とくにJ－J・ルソーによって唱導され、時の経過とともに影響力を強めている統治権の在り方にかんする主権原理である。統治権（国家権力）を人民の所有物とし、それ故に、「人民による、人民のための政治」を徹底して求める主権原理である。この主権原理については、あとで多少立ち入って検討する。

(1) 充実した住民自治の原則

地方公共団体の自治事務の処理（政治）は、住民の意思に基づき、住民の利益のためにおこなわれなければならない。「人民主権」を原理としているから、地方公共団体においては、住民による政治の基準の決定（代表制をとる場合、その代表制は住民による基準の決定を保障する「直接民主制の代替物」としての内実をもつものでなければならない）および住民によるその執行の担当者の選任と統制が求められる。

(2) 充実した団体自治の原則

地方公共団体が法人格をもち、その自治事務をその地方公共団体の利益のために中央政府から独立して処理する権利を求めるものである。この原則は、(3)以下の諸原則と結びついて、地方公共団体に、その自治事務につき、自治行政権のみならず、自治立法権をも保障し、地方政府の内実を保障することになる。

(3) 地方公共団体優先の事務配分の原則（市町村最優先、都道府県優先の事務配分の原則）

この原則は、「補完性または近接性の原則」（the principle of subsidiarity or proximity）とも呼ばれる。国民の生活に一番近い地方公共団体が公的事務を優先的に分担し、国民生活から距離をもつより包括的な地方公共団体はより近接的な地方公共団体が効果的に処理できない公的事務を補完的に分担し、中央政府は地方公共団体では効果的に処理できない全国民的な性質・性格の事務と中央政府の存立にかんする事務のみを分担するという事務配分の原則である。団体が大きくなればなる程、人民の意思による政治もまた人民の具体的要求に応える政治もむずかしくなる。「人民による、人民のための政治」を徹底して求める「人民主権」の原理が求める事務配分の原則ということができる。

事務の性質・性格の問題も、この原則に密接に関係している。中央政府は、地方的な性質・性格の事務を地方公共団体の担当にまかせ、そのような事務を担当すべきではなく、地方公共団体で効果的に処理できない全国民的な性質・性格の事務や中央政府の存立にかんする事務のみを担当すべきだ、ということである。

また、市町村最優先の事務配分原則の系として、市町村に「全権能性」の原則も当然に認められる。法律上、中央政府や他の地方公共団体に専属的なものとして配分されていない事務や市町村の権能から明白に排除されていない事務については市町村が権能をもっているということである。また、都道府県にも、中央政府との関係で、これに類する原則が認められる。

(4)　事務配分の原則にみあった自主財源配分の原則

(3)の原則に従って事務を配分しても、それにみあった自主財源の配分が保障されなければ、(3)の原則は、地方公共団体の自主的な事務処理を困難としまたはその質の低下をきたすことにならざるをえない。地方自治を重視する「人民主権」のもとにおいては、(3)の原則は(4)の原則に連動せざるをえない。

(5)　「地方政府」(local government) としての地方公共団体

以上のような諸原則をもつ地方自治の体制においては、地方公共団体は、たんなる行政団体ではなく、統治団体・地方政府となる。中央政府と地方公共団体の間における事務配分の原則からみても、地方公共団体は、その担当する事務について立法権(憲法の制約を前提としてのことであるが、始原的な意思決定権)をもつことになるはずだからである。「人民による、人民のための政治」の観点から、地方公共団体に自治事務として配分されたものにつき、中央政府がなお事務処理の方針を定めることは、原則として背理ということにならざるをえない。

このような諸原則をもった地方自治の保障を不可欠の要素としている国家は、中央集権体制との対比において、「充実した地方自治」の体制と呼ばれる。

2 「充実した地方自治」体制の長所

「充実した地方自治」体制のもとでは、二の1と2で指摘しておいた政治や社会の在り方とは異質の政治や社会の在り方が可能となる。それは、従来の中央集権体制の限界や弊害を緩和しさらには克服しうるものとして、「充実した地方自治」体制の長所と呼ぶにふさわしい。たとえば、以下のようである。

第一に、そこでは、中央政府の分担事務が地方公共団体では効果的に処理できない性質・性格の事項に限定されて、それ以外の事項は地方公共団体の担当とされかつそれにみあった自主財源が保障される。それ故、二の1で指摘しておいたように、中央政府の政治に伴いがちな病理現象やそれに内在する限界（直接の民意による政治を確保しにくいことや、各地域の具体的な必要・要求に応えにくいこと）を最小限にまで減らすことができるようになる。さらに、「充実した地方自治」のもとでの経験をもふまえて、国民不在の官僚政治や、むき出しの党派政治になりがちな中央政府の政治を消滅させたり改善したりすることもできるようになる。地方自治体のなかで、住民は、「人民による、人民のための政治」を徹底して求める「人民主権」の政治に習熟し、主権者の成員としての意識と知識を身につけた市民に変身していくことができるからである。「全国民の代表」として全国民的な問題に専念する「真の全国民の代表」とその統制にも向う「真の市民」とを創出する「充実した地方自治」制度の機能には、とくに注目したい。

第二に、「充実した地方自治」体制のもとにおいては、地方公共団体優先の事務配分の原則、「全権能性の原則」、事務配分にみあった自主財源配分の原則が保障され、「人民主権」に基づく「住民自治」も保障されるから、地方公共団体は、原則として、中央政府の下請け機関とされることがなく、各地域の生活・産業・文化の発展に専念できるようになる。「過疎・過密」に象徴される地域の貧しい現状は、地方公共団体がそれを克服するために必要不可欠な権能、財源および住民自治を欠いていた結果である。

第三に、右の第一・第二とも関係するが、「充実した地方自治」体制のもとにおいては、各地方公共団体は、少なくともその自治事務については、特定の方針Aを強要されることなく、妥当と判断するBやC等の方針を自主的に選択し実施することができる。したがって、全国的な規模の失敗を免れることができるうえに、多種多様な実験と競争を通じて、各地域に最良の方針を発見することもできるようになる。「充実した地方自治」の体制は、中央集権体制の場合と較べて一見非能率のようにみえながらも、全国的な規模での失敗を免れつつ、中長期的には最良の方針を確実に発見することができる体制ということができる。

四　憲法からの制約は？

以上の検討からも明らかなように、中央集権体制の政治的、経済的および文化的な弊害は、否定できない。また、「充実した地方自治」体制の対照的ともいえる長所も、明らかである。中央集権体制のもとでは、国民は、憲法において「人民主権」が宣言されていても、「政治の傍観者」とされ、各地域は「白河以北一山百文」の状況に追い込まれがちとなる。また、新しい文化の創造はおろか伝統的な文化の維持さえも困難な状況に陥りがちとなる。「充実した地方自治」の体制に転換することによって対処することが必要となる。

もともと、中央集権の体制は、「統一国内市場の創出」という要請に応えることを眼目として登場してきた。この体制のもつ諸弊害は、その登場の当初から予測されていた。それ故に、すぐあとでふれるように、それには近代の初頭から「充実した地方自治」の思想と運動が一貫して対置してきている。また、アメリカ合衆国のように、近代の初頭から、「人民主権」の原理をふまえて、中央集権の体制をとらなかった国さえもあった。第二次世界大戦後における世界の動向からすれば、「現在」が「充実した地方自治」体制への転換期にあたっていることは、否定しがたいようである。

しかし、問題が一つ残っている。中央集権体制の弊害が白日のもとにさらされても、地方公共団体の在り方を定める憲法が中央集権体制をとっていれば、憲法を改正しないかぎり、「充実した地方自治」の体制に転換することはできず、中央集権体制の弊害を受忍せざるをえないことになる。日本国憲法は、中央政府と地方公共団体の在り方と関係をどのように定めているか、があらためて問題となる。

日本国憲法は、①「充実した地方自治」の制度を法律で導入することを認めているか、②より積極的に法律でそれを具体化することを求めているか、③それともそのいずれをも認めず、中央政府に従属する地方公共団体の在り方を想定しているか、である。

この問題については、すでに若干ふれておいたうえに、あとで若干立ち入って検討する予定でもあるので、ここでは以下の諸点を指摘しておくにとどめたい。

第一は、右の③を導きがちな旧い「伝来説」(「承認説」) またはその亜流 (たとえば「制度的保障説」) の考え方が、日本の学界において支配的な状況にあり、「第八章　地方自治」を運用する憲法政治がその理論的枠組みのなかでおこなわれていることである。日本国憲法の地方自治制度は、近現代の市民憲法の公理ともいうべき統治権の単一・不可分性の原則からみて、国に由来しない固有の自治権はなく、その行政は大なり小なり、国の監督に服する、とするような考え方である。地方公共団体の権能・組織・運営は基本的には法律で定められ、その活動も中央政府の何らかの指揮監督を免れないとする。たとえば、憲法第九四条が「法律の範囲内で条例を制定することができる」としていることについて、この立場は、「条例制定の手続は、法律で定められる」「条例の所管事項も、法律で制約される」「条例の形式的効力は、法律のそれより弱い」とする。

このような見解については、当面以下のことを重ねて指摘しておきたい。統治権が「国」の所有物であることは確かであるが、そのことからその統治権が国内でどのように行使されるかがただちに決まるわけではない。中央政府は、統治権 (統治の権利) の所有者としての国ではない。中央政府がどのような権限をもち、地方公共団体とどのような関係をもつかは、憲法原理とそれに規定される憲法条項の定めるものである。この点についての考察をぬきにして、ドイツ近代に形成された国家の概念や旧い「伝来説」的な地方自治権論を普遍的なものとして日本国憲法の解釈運用にもち込むことには、根本的な疑問が残る。★ たしかに、憲法第九四条は「法律の範囲内で」と法律を留保しているが、憲法第九二条からすれば、その法律は「地方自治の本旨」をふまえたものでなければならないはずであるから、「地方自治の本旨」の解明をふまえることなく、たとえば憲法第九四条の法律の役割が当然に右にあげておいたようになるとするわけにはいかない。「地方自治の本旨」に、地方公共団体優先の事務配分の原則や「自治事務の承認」が含まれていると解する場合には、その自治事務について法律で基準を定めることや法律に条例に優先する形式的効力を認めることは、原則として「地方自治の本旨」に反するということにならざるをえない。

★ 伝来説的な見解がなお支配的であるので、もう少し議論の仕方を整理しておきたい。

(1) 近現代の市民憲法は、統治権の単一・不可分性を公理としている。しかし、それ故に、自治権が当然に中央政府の法律による授権に由来し、かつ授権された自治権の行使が当然に中央政府の監督に服する、とすることには問題がある。

(2) 統治権について、まず、権利としての統治権(A)と権限としての統治権(B)を区別すべきである(この書物では「権能」を常用しているが、A・B両者の意味を含むものとして用いている)。Aは単一・不可分のものとして「国家」に専属する。フランスにおいては、ルイ一四世の「朕は国家である」やフランス革命のなかで最初に制定された一七九一年憲法の「主権(Aのこと)は、単一、不可分、不可譲かつ消滅時効にかからない。それは、国民に属する」とする規定からうかがわれるように、Aは主権者のみが所有するものとされている。主権者は即統治権の所有者としての国家であり、国家は主権者のうちに解消されている。一九世紀後半のドイツ国法学は、Aを法人たる国家の専属的所有物と説明した。しかし、その仏独いずれにおいても、立法権・行政権・司法権を国会・内閣・裁判所が分担している事例からも明らかなように、Bは単一・不可分とされていない。憲法の定めるところに従って、諸機関がそれを分担して「国家」(主権者)のために行使するのが常態である。

この点からすれば、単一国家においては、権利としての自治権(「固有の自治権」)は、原則として地方公共団体にはないということになり、権限としての自治権が、憲法の定めるところに従って、地方公共団体に認められるということになる。

(3) しかし、なお、問題が残る。憲法が、団体自治を認め、地方公共団体にその自治事務につき中央政府から独立して処理する自治権を認めている場合には、地方公共団体は、中央政府から干渉されないという意味で、「固有の自治権」類似の自治の権限をもちうる。「司法権の独立」を考えてみれば容易にわかることである。

たしかに、憲法がそのような自治の権限を認めず、中央政府に立法的・行政的・司法的介入を認めている場合には、憲法の認める介入の程度に応じて、具体的な自治権の法律による制限やその具体的な行使についての中央政府による監督が可能となる。近現代のフランスやドイツにおける自治権法律伝来説や中央政府による地方行政についてのもろもろの監督は、憲法がそれを認めていたからにほかならない。

(4) 憲法が、地方公共団体に自治事務を認め、かつそれにつき中央政府から独立して地方公共団体の利益のために処理できる自治権を認めている場合には、権利としての自治権が成立することになる。自己の利益のために行使できる法的権能は、自己の利益のために行使できない権限ではなく、権利である。憲法上、統治権は単一・不可分で、国民の所有物と宣言している場合であっても、憲法自体において主権者・国民がその例外を認めているのであれば、憲法違反ではない。アメリカ合衆国の州の諸憲法、東欧諸国の近時の憲法、一九八五年の「ヨーロッパ地方自治憲章」や「世界地方自治宣言」は、権利としての地方自治権を認めている。

(5) 日本国憲法がどのような地方自治の体制を認めているかは、同憲法についての分析検討の結果決まることであって、フランスやドイツの伝統的な地方制度や理論を念頭において決すべきことではない。

憲法第九五条は、「一の地方公共団体のみに適用される特別法」についての国会の立法権を制限することによって、条例の領域としての自治事務の存在を確認しているようにみえる。それに、憲法「第八章　地方自治」が地方公共団体に自治を認めているところからすれば、その内部事項を自治事務として認めていると解するのが自然である。国会の立法権が、原則として、全国民を対象とする一般的抽象的法規範の定立に限定されていることを考慮すれば、なおさらのことであろう。

いずれにしても、日本国憲法が、地方自治の在り方についてまた中央政府と地方公共団体との関係についてどのような定めをしているか、日本国憲法の原理とそれに規定される「地方自治の本旨」をはじめとする関連憲法規定を慎重に検討することが不可欠となる。

第二に、右の検討課題については、あとでやや立ち入って検討するので、ここでは立ち入らないことにしたい。

第4章　「充実した地方自治」を重視する民主主義の伝統とその一般的受容の傾向

一　「充実した地方自治」を重視する民主主義の伝統

近代は、ごく少数の国を別として、中央集権国家として始まり、その中央集権体制は現在に至るまで続いている。その故もあって、中央集権の体制を当然のこととして、中央政府の民主化こそが民主主義の根本問題であり、憲法問題の主題だとする考え方が、いまなお支配的である。しかし、民主主義の強化を求める思想や運動は、そのような地方自治を軽視するジャコバン主義的な考え方に凝り固まっていたわけではない。中央集権の体制には、近代の初頭から、その体制による各地域の生活・産業・文化の破壊と民主主義にとってのその危険性を指摘し、「充実した地方自治」体制の必要性を強調する思想と運動が対置していた。近代以降における民主主義の発展は「人民主権」論に支えられているが、「人民主権」の原理は「充実した地方自治」の体制を求める、とする考え方こそがその「人民主権」論の本筋であった。「充実した地方自治」の体制を求める思想と運動を系統的に追いかけるだけの余裕はない。ここでは、近現代の憲法史のなかで、われわれにとってとくに参考となると思われる、以下の事例を指摘するにとどめたい。

1　フランス近代における「充実した地方自治」の思想と運動

(1)　フランス革命期のサン・キュロット運動とその地方自治論

フランス革命期には、民衆層は、国民議会や国民公会に結集したブルジョワジーと異なって、議会外で独自性豊な行動をした。農村地区における「農民革命」や都市におけるサン・キュロット運動である。A・ソブールは、『共和暦二年のパリのサン・キュロット』(A. Soboul, Les sans-culottes parisiens en l'an II) という大著で、一九五六年に国家博士の学位を取得し、一九五八年にこれを公刊した。そのなかで、彼は、サン・キュロット運動が「人民主権」の樹立を求め、その原理の具体化として「充実した地方自治」の体制を求めていたことを明らかにしている。以下のようである。

サン・キュロット運動は、「人民」の単位としての「セクシオン〔総会〕の年中会期制と自治 (permanence et autonomie des sections)」を求めていた。「年中会期制」とは、セクシオンの有権者がいつでも問題処理のために自主的にその総会に会合できることであった。「サン・キュロットたちは、セクシオン——そこから人民の代表が選任されかつその人民の代表を統制する——を全体政治〔中央政府の政治〕の調整機関としていただけでなく、自己管理する自治組織とも考えていたので、それだけに一層強く年中会期制の維持を頑固に要求した。セクシオンは主権的であり、その内部事項はその総会のみの権能である」(同書五三七頁) としていた。また、そのようなセクシオンの在り方が「市民の公民的形成」(la formation civique des citoyens) のために必要だと考えられていたことも指摘している。人民の単位としてのセクシオンは、有権者総会としてのセクシオン総会で、中央政府の担当者としての「人民の代表」を選任しかつ統制するだけでなく、その内部的な事務をセクシオン総会で処理する権利をもつものとされていた。団体自治、住民自治、自治事務の保障、財政自主権(これを欠くと自治事務をも自主的に処理することができなくなる)などの諸原則を読みとることができる。「充実した地方自治」の体制が考えられたことは間違いあるまい。また、サン・キュロットたちが、その体制にこそ、主権者としての意識と知識をもった「真の市民」を創出する「民主主義の小学校」の機能を期待していたことも忘れてはなるまい。*

* フランス革命においては、革命勢力は、一枚岩的ではなく、大きく二つに分類しうる状況にあった。一つは、国民議会・国民公会などに結集した代表を通じて行動するブルジョワジーである。もう一つは、議会外で、ブルジョワジーにも従属する民衆層の解放を求めて独自性豊な行動をした民衆たちである。たとえば、サン・キュロット運動や「農民革命」である。それぞれの内部には、多様な政治的傾向が含まれていたが、両者の間には大きな溝があった。両者は、封建体制を打倒することにおいては意見をともにしていたが、その打倒ののちに設ける政治と社会の在り方については、質的といいうる程の違いをもっていた。

ブルジョワジーは、フランス革命当時第一次産業革命を迎えていたイギリスにならって、資本主義の本格的な展開をはかろうとしていた。そのために、自由権中心の人権保障、財産権についての神聖不可侵の宣言、民衆の政治参加を排除できる「国民《ナシオン》主権」、権力分立等を中核とする「近代立憲主義型市民憲法」の樹立を求めていた。これに対して、民衆層は、ブルジョワジーにも従属する社会層として、主権（統治権）の行使に参加する権利、充実した精神的・身体的自由権、社会権の保障や経済的自由権の積極的制限（「農地均分法」や生産手段の私有の廃止さえも）、「人民による、人民のための政治」の徹底と「充実した地方自治」の体制を求める「人民主権」を、主内容とする憲法の制定を求めていた。

二つの革命勢力は、新しい政治と社会についての構想を大きく異にしていたので、対立することもあった。しかし、その両者間の対立は、革命状況との関係で変化するはずのものでもあった。革命の主役は、自己の革命課題を明確に自覚していたブルジョワジーであったが、彼らは、その革命課題を実現しかつ旧体制の再建（反革命）を阻止するために必要な武力（軍隊と警察）を少なくとも革命の前半期にはもっていなかった。彼らは、革命と反革命の問題に対処するためには、「民衆の鉄の腕」に頼らざるをえない立場にあった。それ故に、議会（ブルジョワジー）の側には、民衆層とのパイプ役を果たすグループが不可欠であった。このグループは革命状況とともに変化しているが、一七九三年から一七九四年にかけてはモンタニヤール派（議会外の組織としてはジャコバン・クラブ）であった。彼らは、民衆層と同様に「人民主権」を掲げて、民衆層の代表でもあるかのように装った。しかし、民衆層と大きく対立する態度もとっていた。一七九三年には、「人民主権」を原理とする憲法（ジャコバン憲法・モンタニヤール憲法とも呼ばれる）を制定したが、その第一条でフランスが「単一で不可分の」共和国であることを宣言し、市町村役場、郡役所、県庁について下級行政機関の地位を認めるにとどまった。また、「平和が到来するまで」同憲法の施行を停止して（同憲法は施行されることがなかった）、「公安委員会の独裁」に走った。「公安委員会の独裁」のもとでは、民衆層の求める「人民独裁」（「人民主権」の原理をふまえて、可能なかぎり民意に従い内外の反革命に対処することを求めるもの）を厳しく拒否していた。この時期のジャコバンと民衆との対抗には、「血の粛清を含むほどの一種の緊張関係が介在していた」（柴田三千雄『バブーフの陰謀』一九六八年・二〇七頁）。「公安委員会の独裁」のもとでもっとも多く処刑されたのは、民衆層であったといわれる。ロベスピエールやサン・ジュストの政治・社会構想が民衆のそれとどのような親疎関係にあったかは立ち入った検討を要するが、ジャコバン＝モンタニヤールの対応を根底において規定していたのは、そのブルジョワジーとしての利害であった、と解される。

しかし、一時期、フランス革命史の研究においても、ジャコバン＝モンタニヤールと民衆層との同質性、前著による後者の代表性が強調されたことがあった。フランスや日本をも含めて世界的な規模でそのことが強調され、そのなかで、フランス革命についての認識が大きくゆがめられた。ジャコバン＝モンタニヤールこそ、産業ブルジョワジーの当時における具体的存在形態としての中小生産者層＝農民層の利害を代弁するものとされた。その理解を通じて、「国民《ナシオン》主権」ではなく「人民《プープル》主権」の実現がフランス革命期の主要な歴史課題とされ、また、「充実した地方自治」体制を求めない中央集権的「人民主権」論が「人民主権」論の本命とされた。一八七一年のパリ・コミューンにまでつながりうる問題の提起をしていたサン・キュロット運動等の民衆運動は、ジャコバン＝モンタニヤールの運動のなかに解消された。それに伴って、民衆運動のなかで、とくにそのリーダーたちによって提起されていた「充実した地方自治」の体制を求める「人民主権」の憲法構想は、その自治の体制を求めないジャコバン＝モンタニャール的「人民主権」の憲法構想のうちに消去されてしまったのである。このような事態がどうして学問の世界でおこったのか。それを的確に解明するだけの能力をもちあわせていない。ここでは、R・B・ローズにならって、次の諸点のみを指摘しておくにとどめたい。①一九三〇年代から二〇年間、民衆運動のリーダーたちが事実上忘却されてしまったのは、マルクス主義の歴史家たちがロベスピエールとジャコバンの擁護に結集する傾向にあったことに由来する。フランスにおいては、おそらくは「人民戦線」によりふさわしい歴史的類似物とみなされたためであり、ロシアにおいては、おそらくはプロレタリア独裁の受容可能な類似物とみなされたためである、②とくにスターリンの死（一九五三年）後、ロベスピエールとジャコバンに対する不当な敬意から解放されて、フランス革命期における民衆運動についての研究が復活する、というものである。

政治的思惑によって、真実がゆがめられていたとすれば由々しきことというほかはないが、「人民主権」「充実した地方自治」の体制に関する歴史的事実についての認識もゆがめられてしまったようである。この点については、R. B. Rose, The Enragés: Socialists of the French Revolution? 1965, Melbourne University Press の“Introduction”、柴田・前掲書の「第一章 サン＝キュロット主義とジャコバン主義」、および私の『人民主権の史的展開』一九七八年「第一編 フランス革命と人民主権」を参照されたい。

(2) 一八七一年のパリ・コミューンと「充実した地方自治」の体制

一八七一年のパリ・コミューンは、充実した人権の保障（精神的・身体的自由権の「完全な」保障ともろもろの社会権の保障をしようとする）、社会主義の樹立（生産手段を人民のものとする）、軍事小国主義（常備軍の廃止を打ち出す）を目指し、「人民による、人民のための政治」を徹底して求める「人民主権」をそれらの実現・維持のための手段的・権力的原理と考えていた。その「人民主権」原理に規定されて、パリ・コミューンは、「充実した地方自治」の体制を求めていた。パリ・コミューンの構想する国家は、市町村等の地方公共団体で効果的に処理できない全国民的な性質・性格の事務を「人民主権」の原理に従って中央政府が処理すべきものとしつつも、市町村等で効果的に処理できる事務を「人民主権」の原理に従ってその自治にゆだねる統一国家であった。

「人民主権」は、人民を統治権の所有者とするもので、それ故に「人民による、人民のための政治」を、徹底して求める。この原理のもとでも、中央政府の政治は、ことの性質上、代表制を原則とせざるをえず、しかも、その政治の基準は全国民を対象とする一般的抽象的法規範として定められなければならない（特定の国民や一部の国民のみを対象とする法律を制定することは原則としてできない）。そこでは、「人民による政治」も、「人民のための政治」も不十分なものとならざるをえない。しかし、地方公共団体は、地域が狭く、人民（住民）自身による政治も、人民（住民）の具体的な必要にもきめこまかに対応することができる。したがって、「人民主権」原理のもとでは、「人民による、人民のための政治」のために、「充実した地方自治」の体制が求められることになる。

パリ・コミューンは、各地方公共団体に、団体自治を認めたうえで、以下のような諸点をも打ち出していた。

①充実した住民自治　原則としてあらゆる公務員を選挙で選びかつリコールすることができるとしていた。政治的な集会・表現の自由の保障も、当然のこととされていた。

②地方公共団体優先の事務配分の原則　一八七一年三月一五日の内務担当委員の宣言は、「国の全般的な管理、国の政治的方向付けのみを中央政府に委ねる」と述べ、四月一九日のコミューン議会の宣言は、「地方的事務の管理」を市町村に固有の権利としていた。

③地方公共団体優先の事務配分の原則に連動するそれにみあった自主財源配分の原則　この保障を欠くと地方公共団体は効果的に機能できなくなる。三月二七日の二〇区共和主義中央委員会宣言（成立してくるパリ・コミューンにそれぞれの思惑をもって方向づけをしようとする多種多様な思想的立場を超えて、パリ・コミューンについての共通の理解と目標を打ち出そうとするもの）は、中央政府の事務に対するパリ市（市町村）の分担金を留保したうえで、「パリ市にその予算をその内部で自由に処理することを認めかつ法と衡平に従い受けたサービスに応じて納税者の負担を配分する、財政制度」を認めていた。中央政府に拠出する部分をも含む課税権と予算作成権が市町村にあるとしていた。

パリ・コミューンは、このように、「充実した地方自治」の体制を「人民主権」の国家に不可欠のものとしていた。

パリ・コミューンを熟視していたマルクスは、そのようなパリ・コミューンを「それは、本質上労働者階級の政府であり」「労働の経済的解放をなしとげるための、ついに発見された政治形態であった」*(『フランスの内乱』一八七一年)と評価していた。レーニンも、同様な評価をしたうえで、「〔ロシアには〕一九世紀のフランスのコミューンがつくりはじめはしたが、コミューンがブルジョワジーに粉砕されたためにわずかに短期間にだけつくりだしたものを永続的につくりだすであろう」(労働者・兵士・農民代表ソヴェト第三回ロシア大会)と述べていた。「充実した地方自治」制度をもつ「人民主権」の国家体制は、その後の社会主義国に継受され、実現されるべき国家体制の原型となるはずのものであった。

しかし、スターリンのもとで確立されたソ連＝東欧型ともいうべき旧社会主義国は、この原型からみて異質のものというほかはないほどに大きく逸脱していた。それは、反人民主権的で、中央集権的な国家であった。

＊ マルクスは、『フランスの内乱』(一八七一年)において、「充実した地方自治」の保障を不可欠の要素とするパリ・コミューンの国家像を次のように描き出していた。

「コミューンは、全国的組織の大まかな見取り図――コミューンには、それを展開するだけの余裕がなかった――のなかで、どんな小さな田舎の部落でもコミューンがその政治形態とならなければならないこと〔を〕……はっきりとのべている。各県のもろもろの農村コミューンは、中心都市に設けた代表議会によってその共通の事務を処理することになっており、さらにこれらの県代表議会がパリの全国代表議会に代表を送ることになっていた。代表議員はすべて、いつでも解任でき、またその選挙人の命令的委任に拘束されることになっていた。中央にはなお少数の、だが重要な機能が残るであろうが、これは、故意にあやまりつたえられてきたように、廃止されるのではなく、コミューンの代理人たち、したがって厳格な責任を負う代理人がそれをはたすことになっていた。国民の統一はうちくだかれるのではなく、反対にコミューン制度によって組織されるはずであった。」

パリ・コミューンの構想する国家が、コミューンを基礎単位とし、コミューン—県—中央政府、と下から積み上げられていく国家であること、中央政府には少数の重要な機能が残ること（コミューン内の共通事務はコミューンが、そこで処理できない事務は県にまかされる）、各段階の代議員が選挙人の命令的委任に服しかついつでも選挙人によって解任されることを特色とするものであったことが指摘されている。

ここには、マルクスの創造も加えられている。たとえば、県代表議会・全国代表議会が人民の直接選挙によってではなく、間接選挙の一種である複選制によって選出されるとしていることに疑問が残る。パリ・コミューンが「人民主権」を原理としているところからみて、また民意を歪曲して表現しがちな間接選挙の特色からみて、パリ・コミューンは、県代表議会・全国代表議会についても、コミューン議会の場合と同じく、人民による直接選挙、命令的委任およびリコールの制度を求めていたと解すべきであろう。

一八七一年のパリ・コミューンが打ち出した国家の構想と「人民主権」との関係およびその国家構想とソ連＝東欧型社会主義国の国家構造との関係については、私の『民衆の国家構想——失われた理念の再生を求めて』（日本評論社・一九九二年）を参照されたい。

(3) 民衆の地方自治論の特色

近代国家は、原則として、その発足の当初から、資本主義の本格的な展開を確保しようとして、統一国内市場を求め、中央集権的であった。しかし、そのような国家体制には、同じく発足の当初から、その国家体制では、地域における生活・産業・文化の発展を確保できないだけでなく、国家的な規模でも政治的・経済的および文化的な発展も保障できないとして、「人民主権」を原理とし「充実した地方自治」の保障を不可欠の要素とする国家構想が対置していた。民衆の国家構想である。その国家構想は、中央集権体制が資本主義体制と結びついていることもあって、そのような資本主義体制に批判的または否定的になりがちであった。

2 アメリカ合衆国における「充実した地方自治」の伝統とトクヴィルの地方自治観

「充実した地方自治」の保障の要求は、反体制の側の専売品であったわけではない。体制内改革者トクヴィルは、「充実した地方自治」の保障なしには、体制の安定はありえないとして、アメリカ合衆国の場合にならって、それを導入することの意義を強調していた。中央集権体制が、地域における生活・産業・文化の発展をもたらすことができず、しかも民主主義の発展も確保できないとすれば、そう考えるのが当然のことである。

(1) トクヴィルがアメリカでみたもの

トクヴィルは、一八三〇年の七月革命後一〇か月程アメリカ合衆国へ行刑制度についての調査旅行をした。その間に経験したアメリカ民主主義の衝撃は、強烈であった。その経験と衝撃およびその後における研究をふまえて、『アメリカにおける民主主義』（De la democratie en Amérique）の第一巻を一八三五年に、その第二巻を一八四〇年に公刊した。彼は、とくにその第一巻で、アメリカ民主主義が、「人民主権」を原理としていること、およびそれを徹底して具体化するニュー・イングランド型地方自治などの「充実した地方自治」の保障によって支えられていることを、繰り返し指摘していた（なお、トクヴィルの前掲書については、一九八一年のGF-Flammarion版と一九八六年のRobert Laffont版を参照し、また、井伊玄太郎訳『アメリカの民主政治　上・中・下』一九九八年・講談社学術文庫版も参考にしている）。

①「人民主権」原理は政治的平等の原理であり、そのもとにおいては各人は平等である。したがって、「自分自身のみにかんするすべての事項においては、各人は（政治社会にはいっても）いぜんとして主人である。彼は、自由であり、その行為については、神に対してのみ責任を負う」。市町村は、中央政府との関係では、その個人のような地位にある。このような市町村の地位も、「人民主権」の原理に由来する。「市町村のみに関するすべての事項について、市町村はいぜんとして独立的である。また、ニュー・イングランドの住民のうちには、純粋に市町村的な利害の管理に州政府の介入権を認めるものはひとりもいまいと思う」（以上の引用は、『アメリカにおける民主主義』第

一巻第一部第五章より）。市町村について、団体自治の原則のみならず、市町村最優先の事務配分の原則も確認している。

②市町村では、住民自治も徹底しているとする。「市町村は、あらゆる行政官を任免する。それは、みずから税を課し、それをみずからに割り当てかつ徴収する。ニュー・イングランドの市町村では、代表法はまったく認められていない。全市民の利害に関する問題が処理されるのは、アテネの場合のように、公共の広場と市民総会においてである」（前掲書第一巻第一部第二章）。「〔ニュー・イングランドには〕市町村議会は、存在しない。選挙人団は、その行政官を任命したのち、州法律の純粋な執行以外のすべての事項においてはみずから行政官を指揮監督する」（前掲書第一巻第一部第五章）。市民は、市民総会（タウン・ミーティング）で政治の方針と税を決定し、その執行をみずからが選任した行政官にみずからの指揮監督のもとでおこなわせる。たとえば学校をつくろうとする場合、行政委員会は、市民総会を招集して、その必要性・費用・場所を説明し、市民総会がそれらのすべてを決定しかつその指揮監督のもとで行政委員会に執行させるという具合である。市民の誰しもが、市民総会の招集を働きかけることができる。住民自治も充実している。財政自主権も当然のこととしている。

③平等と「人民主権」を根底にもつニュー・イングランドの政治は、若干の変化を伴いながら、近隣の諸州に及び、やがてアメリカ合衆国の全土に及んでいった。なぜこのような政治が全土に及んでいったかについては、ここでは、トクヴィルの次の二つの指摘をあげておきたい。

一つは、ヨーロッパ（とくにフランス）と正反対の近代国家の形成過程である。フランスは、フランス革命で中央集権体制をつくり出し、市町村をそのための手段とすべく法律でそれを行政の下部機構として再組織した。しかし、アメリカでは、「〔自治権をもっていた〕市町村は郡よりも前に、郡は州よりも前に、州は連邦よりも前に、組織されていた」（前掲書第一巻第一部第二章）。小さな団体は、より大きな団体が組織されるたびに自己の利害を超えるより包括的な任務をより大きな団体の権能に移したが、市町村はその固有の利害のみにかんする事項を移転することなく、みずから処理し続けた。

もう一つは、アメリカ合衆国では、独立前から「人民主権」の原理が、とくに市町村で現実におこなわれていたことである。「アメリカ合衆国の政治法（lois politiques）について述べようとするならば、つねに人民主権の教義から始めなければならない」「アメリカにおいては、人民主権の原理は、若干の国の場合のように、かくされたものとか不毛なものではけっしてない。* それは、慣習によって認められ、法によって宣言されている。それは、自由とともに拡がり、障害にあうこともなく最終結果に達している」「アメリカ革命が勃発した。人民主権の教義は、市町村から出ていって、政府の原理となった。全階級がその大義★★★のために妥協した。人々は、その名において闘いかつ勝利をえた。それは、法の中の法となった」（右の引用についてはいずれも前掲書第一巻第一部第四章）。

＊　たとえばフランスの場合、フランス革命以来一貫して一七八九年人権宣言がフランス政治の原理・原則を表明するものであるかのように扱われてきた。同宣言は、「人民主権」の立場をとっている。しかし、同宣言を第一部とするフランス最初の憲法（一七九一年憲法）は、「人民主権」とは異質の「国民主権」を原理としていた。あとでみるように「国民主権」は、「人民主権」と異なって、「人民による、人民のための政治」を求めるものではなく、制限選挙による国民代表制（民意によらない政治）をも認めるものであった。「人民主権」を掲げる一七八九年人権宣言は、現実の政治を隠蔽し、「人民」を架空の主権者とみせかけるための手段として利用されていたのである。「人民」は、制限選挙のもとにおいても、憲法制定権を行使することによっていつでも政治の在り方をその求めるように変えることができる、とする「人民主権」＝「人民憲法制定権力」論が、架空の主権者「人民」を真の主権者とみせかける理論としての役割を果たしてきたことにも注目すべきであろう。このようにして、フランスでは、フランス革命以降も、「人民」は架空の主権者に祭り上げられてきた。なお、フランスにおけるこのような事情については、私の『国民主権の研究――フランス革命における国民主権の成立と構造』一九七一年の第二章の**二**の(3)および第三章の**二**と**三**を参照されたい。

★　たしかに、アメリカ合衆国でも、連邦や州の政治においては、直接民主制ではなく、代表制がとられている。しかし、アメリカ合衆国の代表制は、近代の初頭にイギリスとフランスで出現する代表制と異なって、「人民主権」の原理をその基礎にもつもので、「直接民主制の代替物」でなければならないと考えられている。ここでは、バーチ（A. H. Birch）の簡明な説明だけを紹介しておく。

「〔この時期に〕出現した他の〔代表〕概念は、主権は人民にあり、政治的代表は人民の代理人だという急進的な考え方である。これは、アメリカのリーダーたちの多数（すべてではないが）の間に流布されていた見解でもあった。たとえば、一七七六年に公布されたヴァージニア州権利章典の第二条は『すべての権力は人民にあり、したがって人民に由来する。統治の任にある者は人民の受託者にして奉仕者であり、つねに人民に責任を負う』と述べていた」「合衆国憲法前文には、『われわれ合衆国人民は……この憲法を確定する』という形式で書かれている。……このような政治観は、トム・ペインによって広められ、ロベスピエールからは共感をもたれたが、その種子は肥沃な土地にはまかれはしなかったし、その理念は、ヨーロッパには一度もしっかりと根を下しはしなかった。イギリスやその他の国の急進的代弁者は、ときにはそれに言及するが、しかし現実に機能している政治の概念としては、それはアメリカだけのものである」(Birch, Reresentation, 1971, pp. 48-49, 河合秀和訳『代表』一九七二年・六五―六六頁も参照)。アメリカ合衆国においては、この考え方は、その後においても消えていないようである。

★★　トクヴィルのこのような認識は、一九世紀前半のアメリカ合衆国についてのものであった。その後においてもこのような認識がなり立ちうるかどうか、現代・「現在」においてはどうかが問題となる。この点について立ち入った検討をする余裕も能力もないが、他の研究者の研究成果からすれば、現実の憲法政治においては、とくに二〇世紀に入ってからの憲法政治においては、「人民主権」に立脚する「充実した地方自治」の考え方を生かそうとしているようである。ここでは、以下の諸点を指摘しておきたい。

(1)　地方自治制度の問題は、合衆国においては、憲法上は連邦事項ではなく、州事項とされている。

(2)　一九世紀後半、とくに南北戦争以降になると、地方自治体が州の創造物で、その自治権は州から授権されたものであり、その組織・運営は州の統制に服するとする考え方が一般化している。連邦最高裁判所も、「州議会は、地方自治体に対し受容しうる一切の権能を付与し、地方自治体を州の領域内における小国家とすることもできれば、地方自治体からあらゆる権能を奪い……名目だけの法人とすることもできる」(Barnes v. District of Columbia, 91 U. S. 540, (1876))、「地方自治を州議会から守るための州憲法上の規定がない場合、地方自治体は州の立法的統制の及ばない地方自治の固有の権利を何らもたない」(Trenton v. New Jersey, 262 US 182 (1923)) などとして、この立場を認めている。

(3) それ故に、地方団体は、自治体として機能するためには、州議会からそれを認める憲章(charter) を受けなければならないとされてきた。憲章の種類は、一様ではなく、以下のようなものが存在したしまた存在している。

①個別的憲章 (Special charter) 州議会が特別立法の形式をとって州内の地方団体にそれぞれ異なった内容の憲章を授ける制度である。

②画一的憲章 (General charter) すべての地方団体に対して同一内容の憲章を授ける制度である。

③類別的憲章 (Classified charter) 人口、面積、課税評価額等を基準として地方団体を分類し、各部類ごとに異なった憲章を授けるものである。

④選択的憲章 (Optional charter) 州議会がいくつかの憲章モデルを用意し、地方団体にそのうち一つを選択させるものである。

このような四つの憲章制度には、それぞれ難点があった。共通の難点は、自治体の組織・運営の在り方は州議会が定めるものであり、その権限は原則として州が明示的に授権するものに限られるということであった。このような事態は、地方自治体が州に先行する存在であるという歴史的事実および地方団体における充実した自治の伝統からみて問題があるだけでなく、自由を求める都市の発達もあり、「充実した地方自治」を求める動きを強化する。

(4) 自治憲章(Home rule charter)制度が導入されるようになる。州憲法で(ときには法律のこともあるが、大部分は州憲法で)、地方的事項(local and municipal matters, municipal matters)を各地方団体が自主的に定めうる憲章事項とするものである。憲法による「充実した地方自治」の保障である。その基本特色は、以下のようである。

①各地方団体は、憲章の起草委員を選挙で選び、その策定した自治憲章草案を住民投票で決定する(自治憲章改正の場合も同様である)。

②地方的事項については、地方団体は全権能性をもち、自治憲章で具体的に定める。憲章で定めている事項を州法律で無効とすることはできない。地方的事項については、自治憲章およびそれに基づいて制定される条例が州法に優先する。たとえばカリフォルニア州憲法は、市(city)の場合につき以下のような規定を設けている。「いかなる市憲章においても、それに従って政治をおこなう市は、市政事項(municipal affairs)についてはその憲章に定められている制限のみに従ってすべての条例と規則を定めることができ、その他の事項についてはそれらは一般法律に従属する、と定めることができる。憲法に従って制定された市憲章は、あらゆる既存の憲章に優越し、また市政事項についてはそれと矛盾するすべての法律に優越する」(第一一条第五節(a)、一九七〇年採択)。

③自治憲章制定権には、各自治体がその組織・運営を定める権能の保障も含まれている。

④自治憲章の保障は、当該自治体の存立の保障をも含む。
この制度を憲法で認める州は四〇以上にも達し、人口二〇万人以上の都市のほぼ三分の二、人口五〇万人以上の都市の約八〇%がこの制度を採用しているという。

この部分については、阿部照哉他編『地方自治体系I』一九八九年の第六章第二節「ホーム・ルール・シティ」(南川諦弘執筆)、横田清『アメリカにおける自治・分権・参加の発展』一九九七年の「第二章 都市憲章と自治権の拡充」、Arther B. Gunlicks「アメリカの地方自治――多様性と不均一の発展」ヨヒアム・J・ヘッセ編『地方自治の世界的潮流(上)』・北海道比較地方自治研究会訳・一九九七年・七五頁以下、金子善次郎『米国連邦制度と地方団体』一九七七年などを参照されたい。

なお、スイスにおいても、アメリカの自治憲章制度に似た地方自治制度がとられているようである。スイスの場合については、小林武『現代スイス憲法』一九八九年・三六頁以下を参照されたい。

④トクヴィルは、「人民主権」に立脚する「充実した地方自治」を通じて、「真の市民」――主権者の成員としての意識と知識をもった市民――が創出されることに注目する。「ニュー・イングランドの住民は、その市町村に愛着をもっている。それは、彼がそこで生まれたからというよりは、そこに、自分がその構成員でありかつ〔その共同体の仕事を〕指揮監督しようとする苦労に値する、自由で強力な自治体を見出しているからである」「ヨーロッパの支配者たちも、自治体精神が欠落していることをしばしば嘆いている。誰しもが、自治体精神こそが公的な秩序と安寧の一大要因であることを認めているからである。しかし、彼らは、それをどのようにして創り出すかを知ってい

ない。彼らは、市町村を強力で独立のものとすると、社会の権力を分割し国家を無政府状態にさらすことになりはしないかと恐れている。ところで、市町村から力と独立性を奪ってしまえば、そこには被治者のみが見出され、市民は不在となる」。そして、トクヴィルは、以下のように総括する。「市町村にこそ自由な人民の力が宿る。市町村制度と自由〔自治・自己統治のこと〕の関係は、小学校と科学の関係と同様である。市町村制度は、それを人民の手の届くところにおく。それは、人民に自由〔自治・自己統治〕を平和的に行使することを経験させ、その行使に習熟させる。市町村制度なしでも、国民は自由な政府をもつことができるが、その国民は自由の精神を身につけていない。一時の情熱、ひとときの利害、偶然の状況から、国民は外見的な独立の形態をもつこともある。しかし、社会のなかにとじこめられている独裁制が、おそかれはやかれ、また表に出てくる」（以上の引用は、いずれも、トクヴィル・前掲書第一巻第一部第五章）。

中央集権体制のもとでも、「人民主権」の原理をもち、人民の自治・自己統治の政治をうち出すことはできる。しかし、自治の精神を骨肉化した「真の市民」が存在しない場合は、標榜している人民の自治・自己統治の政治が容易に独裁制に転換してしまう、それを阻止するために「真の市民」を創出する「充実した地方自治」の体制が必要である、とする認識は鋭く、注目に値する。ジャコバン独裁やナポレオン一世の経験をふまえての指摘でもあろうが、一八四八年の二月革命・一八四八年憲法からナポレオン三世への転換のなかで、トクヴィルは、その指摘の正当性を再確認することになる。*

＊　ジャコバン派は、「人民主権」を宣言する一七九三年憲法を制定しつつも、それを実行せずに「公安委員会」の独裁に走り、ナポレオン一世は三度の人民投票を悪用して皇帝の地位についた。また、甥のナポレオン三世は、「人民主権」を宣言する一八四八年憲法をクーデタで打倒したのち、人民投票をも悪用して皇帝となった。

(2)　トクヴィルの基本視座

ここで問題にするのは、彼の学問的方法論ではなく、フランス政治についての彼の基本的な見方である。それも、一八五一年一二月二日の「クーデタ」（ルイ・ナポレオンのクーデタ、同月二一日の国民投票で支持される）で執筆を打ち切った『回想録』までの間における彼の基本的な見方である。

第一に、彼は、フランス革命、王政復古（一八一四年）、七月革命（一八三〇年）、二月革命（一八四八年）と変動が絶えないフランスにつき、一階級への利益と権力の集中およびパリ（中央政府）への権力集中こそがフランスの不安定の要因であるとして、以下のように指摘する。

(i)　一階級への利益と権力の集中　「フランスにおいては、政府は、つねにただ一つの階級の排他的な利益と利己的な情熱にのみ支持基盤を求めるという誤りを犯している。……すべてを勘案してみて、フランスで政府が存続するためにとりうるもっとも確実な方法は、万人の利益を求めて政治をすることである……」＊（A. de, Tocqueville, Souvenirs, 1983〔ここでは、一九八六年の R. Laffont 版による〕の第一部Ⅳ、喜安朗訳『フランス二月革命の日々――トクヴィル回想録』岩波文庫・一九八八年も参照)。これは、トクヴィルが一八四八年の二月革命のなかで、とくに一八三〇年の七月革命以降における「中産階級」中心の政治を回想して述べた、フランス政治についての感慨である。

＊　トクヴィルは、一八三〇年の七月革命で、ブルジョワ革命としてのフランス革命が完結し、ブルジョワジーの勝利が決定的となったとして、その勝利の様相をこう指摘する。「〔この勝利は〕かくも完全なものであったので、全政治権力、全自由権、全統治権、全政府が、法的には中産階級の下位にあるすべてのものをまた事実上はかつてそのうえにあったすべてのものを排除して、この唯一の階級の枠内に閉じこめられかつ詰めこまれたかのようであった」(『回想録』第一部一)。彼らは、自己の私益のために政治を利用することだけを考え、国民全体のことを忘れている。

トクヴィルは、さらに、一八四八年の二月革命(勃発二月二二日)の直前の一月二九日、代議院で、「いまから一年後、一ヵ月後、一日後におこりうることをご存知でしょうか」と問いかける有名な演説をしていた。彼は、そのなかで、政治的な変革にはとどまりえない社会的な変革がおころうとしていることを指摘し、かつ支配階級が権力を喪失する要因につき、「支配階級がその無関心、そのエゴイズム、その悪徳の故に、統治する能力も資格も失ってしまったためである」(『回想録』第一部一)と述べていた。

(ii)　パリへの権力の集中(中央集権体制)　フランス革命は、ナポレオンを経由して、もっとも徹底した中央集権の体制を樹立した。トクヴィルは、その中央集権体制を「フランスには人が破壊できないものが一つだけある。中央集権である」と評していた(『回想録』第二部XI)。彼は、この中央集権の体制もフランス政治の不安定要因となると考えていた。すでにふれておいたように、ひとは、みずから政治に参加して、共同の問題を処理するなかで、その自治体や国に愛着をもつようになり(「わが町」「わが国」の実感)、それらの秩序と安寧に関心をもつ市民となる。参加と自治を保障する「充実した地方自治」の体制がそれを可能とする。しかし、フランスをはじめとするヨーロッパ諸国の権力担当者は、「充実した地方自治」の体制が統一国家を分裂状態に追い込み、無政府状態さえもたらすとして、中央集権体制にこだわり続けている。中央集権の体制こそが、市民を政治から排除し、政治を不安定にする要因であるにもかかわらず、それを理解していない、としていた。

第二に、これまでの指摘とも関連するが、彼は、「充実した地方自治」の体制こそが主権者の成員としての意識と知識をもった「真の市民」を創出し、中央集権の体制が市民を「政治の傍観者」としかつ「真の市民」の不在状況をつくり出す、ことを強調していた。この点については、A・ジャルダンによる要領のよい要約があるので、それを引用しておきたい。

「中央集権化は、『もろもろの力の再生産』には害を及ぼす。……中央集権化は、自分の仕事は自分で片づけるという市民のやる気を殺いでしまうからである。……(「充実した地方自治」が導入されている)アメリカでは、道路が破壊されたときには、公権力に救いを求めることなしに、近隣の人々が集まって修復のための集会を開く。犯罪が生じたときには、人類の敵とみなされた殺人犯をみつけだすのに協力するために、近隣の人びとが寄り集まる。ところがフランスでは、警察と犯人とのたたかいの一部始終を公衆は観客としてみている。……中央集権的行政は専制主義の一形態であ〔る〕……」(『トクヴィル伝』大津真作訳・一九九四年・二三三頁)。

中央集権体制のもとでは、「真の市民」をつくり出すことができない。トクヴィルは、この点について三度の衝撃的な経験をしている。一度目は、一八三〇年のアメリカ合衆国訪問の際であり、二度目は一八四八年の二月革命の際であり、三度目は一八五一年一二月のルイ・ナポレオンによるクーデタの際である。一八三〇年には、「人民主権」をふまえる「充実した地方自治」体制のもとで、「真の市民」の存在と活動にふれたことであった。『アメリカにおける民主主義』の第一巻第一部では、このことを感歎の念をもって繰り返し述べている。また、一八四八年の二月革命の際には、「人民主権」原理が標榜されていたにもかかわらず、「真の市民」の不在を確認せざるをえなかった。

「〔一八四八年の憲法制定議会にはじめて議員として選出されてきたすべての者は〕アンシャン・レジームから出てきたばかりであるかのように新米であった。中央集権の故に、政治生活は議会のなかだけに閉じこめられ続けていたので、代議士でも貴族でもなかった者は、議会とはなにか、そこではどのように行動したり話したりするのがふさわしいか、ほとんど知っていなかったからである。彼らは、議会の日常的な慣行やもっともあたりまえの慣習をまったく知っていなかった。……ゆきあたりばったりに集めた九〇〇人のイギリスかアメリカの農民の方がずっとうまく重要な政治体〔議会のこと〕としての様を示したのではないかと信じている。」（『回想録』第二部Ｖ）

さらに、一八五一年一二月には、クーデタを批判しつつも、一二月一四日付の手紙では、「いまの時期に国民は、社会主義者に対する恐怖感と生活の安定をふたたびみつけようとする熱烈な願望で頭がおかしくなっています。国民は、自由になるために必要な能力をもっていませんし、残念ながら申しあげなければなりませんが、自由であるには値しないのです」（大津訳・前掲訳書五〇八〜五〇九頁）と述べていた。クーデタを支持する「人民」のうちに「真の人民」の不在をみていた。

「真の市民」を創出する「充実した地方自治」の体制が必要である。「人民主権」の原理を掲げていても、中央集権体制のもとでは、市民は政治の傍観者とされ、その政治は事実上独裁制となる、とする。★

★　トクヴィルは、『アメリカにおける民主主義』の第二巻（一八四〇年）の末尾（第四部）で、民主制のもとにおける独裁制の出現を論じている。その大要を私なりにまとめると、以下のようになる。平等化、その政治的表現としての民主化は、神の摂理によるものとして不可避的に進展する。平等の進展は、中央集権体制をもたらしがちであるが、その中央集権体制が独裁制の要因になりがちである。

平等化と民主化が進むと、一方で中央政府の権力がかつてないほどに強大化する。それは、全国民を対象とする一般的抽象的法規範を定立して全国民を規律し、しかも治安と国防というかぎられた生活面だけでなく、国民の私生活の面にも入りこんでいく。他方では、平等化が進み小財産の所有者となった市民は、個人の安楽の追求にふけるようになり、公生活の分野から撤退を始めるようになる。

中央集権体制は、独裁制に転換する。強大な中央集権国家における個人は、その国家、それも一人の人間または一つの国家組織に体現された国家に保護を求めるようになる。「この体制においては、市民たちは、その主人を指名するためにちょっとの間だけ奴隷状態から抜け出すが、またそこに戻ってくる」「諸権力の集中と個人の隷属は、……民主的な国民においては、平等と無知に比例して増大していく」(以上、第二巻第四部第四章)。

将来の民主的体制は、各市民が平等と独立を求めることによって生ずる無政府主義的な革命運動によって脅かされるのではなく、むしろ文明の進歩を止めてしまいかねない公的生活に対する無関心によって脅かされることになりかねない。その事態を阻止するためには、結社の自由、言論の自由等の保障と「充実した地方自治」の保障が不可欠である。それらによって自由と自治の精神を骨肉化した真の市民を確保し、民主的体制の実体を確保しようとする。第一巻でも、中央集権体制をとりつつ、「人民主権」を原理とし、「人民による、人民のための政治」を標榜することはできるが、そこでは、自治の精神を骨肉化した「真の市民」が存在しないから、「人民主権」の体制が実質的独裁制に転換してしまうことを指摘していた。この点でのトクヴィルの見方は、一貫している。

「現代の諸国民は、国民の内部において諸条件が平等でないようにすることはできないであろう。しかし、平等が諸国民を隷従または自由、知性または野蛮、繁栄または貧困、のいずれに導くかは、諸国民次第のことである」（第二巻第四部第八章）。

3 日本の場合──一九四九年の「シャウプ勧告」と一九五〇年の「神戸勧告」

(1) はじめに──日本国憲法制定前における試み

日本国憲法制定前の日本にも、「充実した地方自治」体制の一部の原則を求める動きは、明治憲法の制定期以来、細々とではあっても存在した。

(i) その一つは、明治憲法制定期の、とくに自由民権期の若干の民間憲法草案における地方自治の構想である。そこには、地方公共団体の権限・組織・運営の在り方を法律に白紙委任していた近代立憲主義型市民憲法の場合よりも、地方自治の保障に力点をおいた構想があった。その代表的なものは、以下のようである。*

①筑前共愛会の「大日本国憲法大略見込書」（甲号）（一八八〇〔明治一三〕年二月）は、第三編第二章を「府県会及府県政」にあて、府県会議員、府県長官、郡区長官を公選とし、府県会に府県庁の行政の監視権を認め、かつ「府県憲法ハ府県会ヲ以テ之ヲ議定シ皇帝ノ許允ヲ得テ之ヲ行フ」としていた。

②福地源一郎の「国憲意見」（一八八一〔明治一四〕年三〜四月）は、「府県ノ自治ハ之ヲ妨碍スベ

カラザル事」として、地方分権を「国是」とするからには府県会の設置は当然のことであり、特別の国法でその綱領を定めるべきこと、「国会ト府県会トハ其権域ヲ異ニスル迄ニテ素ヨリ優劣アルモノニアラズ国会ノ権域ハ府県会コレヲ侵スベカラザルガ如ク府県会ノ権域ハ国会ト雖トモコレヲ侵スコト能ハザルナリト制定スルニ非ザレバ地方分権ノ体要ヲ全備スルヲ得ズ……国会サヘ設立セバ府県会ナキモ可ナリト云フモノハ未ダ分権自治ノ国是第一義タルコトヲ覚ラザルノ見ナルノミ……中央政府ハ特別ノ国法ヲ以テ府県会ノ為ニ其設立組織権理ノ綱領ヲ制定スベシ……其条目ニ至リテハ府県民ガ府知事県令ト謀リ綱領ニ準拠シテ之ヲ制定シ中央政府ノ許可ヲ得テ以テ其一府一県ノ憲法トナスニ任セテ可ナルベシ各地方其風俗習例ヲ異ニスルニ従テ自治ノ条目ヲ異ニスルハ自然ノ勢ナレバ之ヲ干渉シテ同一タラシメント欲スルハ即チ其自治ヲ妨害スルノ結果タルベシ是レ本条ヲ以テ此分域ヲ明カニセント欲スル所以ナリ」としていた。

③千葉卓三郎ほかの「日本帝国憲法」（一八八一〔明治一四〕年四〜九月）は、府県会の綱領を特別の国法で定めるべきこと、および「府県ノ自治ハ各地ノ風俗習例ニ因ル者ナルガ故ニ、必ラズ之ニ干渉妨害ス可ラズ。其権域ハ国会ト雖ドモ之ヲ〔侵〕ス可ラザル者トス」としていた。

④植木枝盛の「日本国々憲案」（一八八一〔明治一四〕年八月二八日以降）は、ⓐ日本を七〇の州からなる連邦とすること、ⓑ連邦は他州からの州の自由独立の保護を主任務とすること、ⓒ各州は連邦法に抵触しないかぎり独立・自由であり、連邦も干渉できず、また、州内の郡邑等の「定制」に干渉することもできないこと、ⓓ各州は、その権能内で外国と契約をすることができること、ⓔ各

州は常備兵・護郷兵を設置することができること、などを定めていた。

⑤立志社の「日本憲法見込案」（一八八一〈明治一四〉年九月一九日?）は、第七章を「地方政権」にあて、府県会の府県人民による公選、府県会議員（府県人民の代表）の二年毎の半数改選、郡区町村の自治、郡区町村会の設置、郡区町村吏のその人民による任免などを定めていた。

⑥村松愛蔵の「憲法草案」（一八八一〈明治一四〉年九月二九〜三〇日）は、「第七章　地方自治」を設け、日本国民の安寧を害さないことを条件として、「各地方各自其独立自由ヲ有ス」「各地方各自其独立自由ヲ保護スルニ必要ナル武備ヲ為スヲ得」「各地方各自ニ適宜ノ憲法規則ヲ制定シ以テ治ヲ為スヲ得」を「地方自治」のために定めていた。

これらからは、中央集権政治を志向する政府への一般市民の強い抵抗の姿勢を読みとることができるし、自然的・社会的諸条件を異にする各地域に多様な発展の可能性を確保しようとする、政府とは異質の国家と社会の構想をも読みとることもできる。地方分権、団体自治、住民自治の保障においても、看過できない鋭い問題の提起がある。

しかし、「充実した地方自治」の保障の観点からすれば、なお、問題が残っていることも否定できない。住民自治は、おしなべて議会主義（純粋代表制）のレベルにとどまっている。地方分権においても、事務配分の基準は十分に明示されず、市町村最優先の観点も弱い。しかも、分権に不可欠な財源配分の重要性はほとんど顕在化させられていない。

「人民主権」論、それをふまえた国家論がほぼ全面的に欠落していた当時の状況下においては、上記のような諸点が残るのは避けがたいことであった。むしろ、当時の状況下で、よくここまで「充実した地方自治」の体制に不可欠な要素を部分的にではあれ提起できたものと積極的に評価すべきであろう。

(ii)　明治憲法下では、「大正デモクラシー」の運動のなかでも、「充実した地方自治」の保障につながりうる問題が提起されていた。日本国憲法の制定前における第二の動きである。「大正デモクラシー」のなかでは、体制内改革運動と体制変革運動が共合しまた交錯するが、地方自治との関係では、とくに普通選挙制度の実現、郡役所の廃止、府県知事の公選、地方分権、地方の自主財源の強化（地租と営業税の地方税化）などが要求された。それらの要求の一部は実現された。一九二五（大正一四）年の男子普通選挙法の公布を受けて、翌年に府県制・市制・町村制が改正されて地方にも男子普通選挙制度が導入された。一九二六年に農村支配の中間機関であった郡役所も廃止されたが、その廃止後においては府県が市町村の指揮監督を強化していた（なお、知事の公選制は、中央による地方支配の核を否定するものとして認められなかった）。また、地租と営業税の地方税化も実現されなかった。「農村部の財政負担（とくに戸数割と雑種税の減税と教育費などの機関委任事務の負担軽減）の軽減要求をいれて、一九一八年、義務教育の国庫負担金制度を導入し、これを年々、財政調整制度として強化した。……〔政府は両税の地方税化を求める都市と農村の連合にくさびをうちこみ〕負担軽減のための補助金を導入して農村の要求を満足させた」（宮本憲一『都市政策の思想と現実』一九九九年・一六八頁）。

また、「大正デモクラシー」のなかで、地方自治の問題として、都市問題を解決しようとした関一のような人物の登場をえたことも注目に値する。彼は、大阪市政の責任者として、社会国家（福祉国家）・文化国家の理念を市政にとり込み、そのために地方分権と地方財源の強化を主張した。社会政策、公害対策、文化政策をふまえた都市政策を実行に移そうと努めた。しかし、彼の都市政策においては、住民自治の視点は必ずしも強くはなかったという（この点については、宮本・前掲書一六九頁以下を参照）。

「大正デモクラシー」のなかにも、「充実した地方自治」体制の実現につながる動きがあったことは間違いないようにみえる。しかし、ここでも、「充実した地方自治」論の体系的な展開がみられなかったことも否定できないようである。明治憲法下における運動として、「人民主権」論とそれをふまえた国家論の展開が厳しい取締りの対象であったという一事のみからしても、時代の制約というほかはあるまい。しかし、ここでもなお、そのような制約のもとで、「充実した地方自治」体制の一部となりうる地方自治のあり方が提起されていたことに注目すべきであろう。**

*　この点については、家永三郎他編『明治前期の憲法構想・増訂第二版』一九八七年（資料集）、家永三郎『歴史の中の憲法　上』一九七七年・四一～四二頁、山下健次・小林武『自治体憲法』一九九一年・三二頁以下などを参照。

**　『大正デモクラシー』期に先行して、一九〇三年に幸徳秋水が『社会主義神髄』を著し、「社会主義と民主主義とは恰も鳥翼二輪の如し、何となれば一は経済的に一は政治的に多数共通平等の幸福を其向上の目的となすものなれば也、故に真正の社会主義たる者け必ずや真正の民主主義者たらざる能はず」として、「レフェレンダム」「イニシェチーヴ」、公平な比例代表選挙法が国民に保障されているスイスを、理想にもっとも近い政治制度の国としていた。また、「社会主義者は、深く現時の国家の中央集権の害毒に懲りて、地方分権を主張するに至るは自然也、彼等は人民の事業をして人民に依って行はしめ、若くは人民に近からしめんが為に、多くの公務を中央政府の手より奪ふて地方自治体に回復するの必要を感ず、彼等は可及的に中央政府の職掌と権力を削減して、国家をして地方市町村の自治的集合団体の連合とし、中央政府は唯だ此団体連合を統一し、彼等が共通の利益を公平に按排せしむるの具とみなさんと欲す」としていたという。

「充実した地方自治」体制とのつながりを示す社会主義（者）の国家論である。この点については、松尾貞子「幸徳秋水と地方自治」『初期社会主義研究』第一二号（一九九九年）四六頁以下を参照。

(iii)　「充実した地方自治」の本格的な検討が始まるのは、日本においては、日本国憲法下でのことである。すでにみておいたように、日本では、国民主権と「第八章　地方自治」を憲法に導入したあとにおいても現実の憲法政治は、相変わらず中央集権的であった。権力担当者たちは、中央集権の体制を憲法を超えて普遍的に妥当する自然の体制と考えているようであった。しかし、「人民主権」と解される国民主権のもとで、憲法上独立の章として「地方自治」が保障されたのである。明治憲法下亜流の中央集権体制が、根本的な批判を受けることなしに存続しうるはずがない。占領下にあった日本国憲法施行の初期、「充実した地方自治」体制の導入を求める勧告が二度にわたっておこなわれた。一九四九年九月の「シャウプ勧告」と一九五〇年一二月の地方行政調査委員会議の「行政事務再配分に関する勧告」(「神戸勧告」)である。この二つの勧告を通じて、日本国民(の一部)は、「なぜ地方自治か」「どのような地方自治か」を含めて、地方自治の意義をおそらくはじめて知らされ、「マイナーな問題ではないかもしれない」との疑念をもち始めるようになる。

(2)　「シャウプ勧告」(一九四九年九月提出の第一次勧告)

一九四九年、連合国最高司令官の要請を受けて、日本税制調査のために来日したシャウプ(C. S. Shoup)米コロンビア大学教授を団長とする調査団の報告書を「シャウプ勧告」という。シャウプ使節団の特色は、日本の税制についての勧告をするために、中央政府の政治と「地方政府」(local government)の政治の関係を立ち入って検討し、勧告をしたことであった。この点についての勧告は、その付属文書A(「地方政府の財政」=Finance of Local Governments)のなかでおこなわれている。その基本的な立場は、日本の民主化のためには、地方自治の強化充実が必要であり、そのためには地方財源を強化しなければならないというものであった。そのとくに注目すべき点は、以下のようであった。

①〔当時の〕日本の地方財政には、以下のような弱点がある。ⓐ市町村、都道府県、中央政府間の事務配分と責任分担が不必要に複雑かつ重複している。ⓑ三つの政府機関の間における財源配分

も不適当であり、中央政府による地方財政の統制が過大である。ⓒ地方自治体の財源は不十分で基本的な地方支出に対応できない。ⓓ国庫補助金と交付金は独断的に決定されることが多く、それらの使用につき、ときには地方に国庫支出金と同額の負担を求められることなどをはじめとして地方に過度の統制が加えられている。ⓔ地方自治体の起債権は厳重に制限されている。

②より強力な「地方政府」が、以下の諸点からみて、必要である。ⓐ「地方政府」の事務には、教育、病院、疾病の予防、衛生施設、母子厚生、警察、消防、レクリエーション、住宅等々国民と密接なものが含まれている。一国の将来における進歩と福祉は、「地方政府」の役務の量と質のいかんにかかっている。ⓑ「地方政府」は、政治権力を分散しかつ人民の身近におくことによって、民主主義の発展に資するものであるから、強化されなければならない。ⓒ「地方政府」は、市民を教育し、民主主義の技術の指導者を育成する有効な手段となる。「地方政府の運営の方法は、市民が容易に観察し理解できるものである。市民は、地方役務から受ける利益とそれに要する費用の間の関係をよくはかり知ることができる。地方段階で育てられた慣習と態度が、国政段階における政府の行動に影響を及ぼすものと期待しうる」。ⓓ地方的な仕事は、それを熟知する小さな単位の方がより効果的に処理することができる。

③現在の三段階の政府に対する事務配分は、複雑で、次の諸点からみて地方自治と地方責任にとり有害である。ⓐ現在の事務配分は、個々の事務についてどこに政治的責任があるかを不明確にしている。ⓑ現在の事務の複雑性は、市民の支払う税金が「いかに有益な政府役務の形をとってかれ

に戻ってくるか」についての理解を妨げ、その政府についての理解を妨げている。ⓒ中央政府が「市町村政府」(municipal government) の活動にあまりに関与するので、地方自治が損なわれている。「市町村政府」は、さらに中央政府から十分な財政的な裏づけなしに一方的に新しい仕事を押しつけられていることもある。ⓓ特定の事務がそれを有効・能率的に処理できない政府単位に割り当てられていることがある。

④諸段階の政府での事務配分を検討しかつその再配分をおこなう委員会を組織するよう勧告する。この委員会は、以下の一般原則のうえに立って、その再配分をしなければならない。

「1　できる限りまたは実行できる限り、三段階の政府の事務は明確に区別して、それぞれの特定の事務は一段階の政府に割り当てられるべきである。そうすれば、その段階の政府は、その事務を遂行しかつ一般財源によってこれを賄うことにつき全責任を負うことになるであろう。

2　それぞれの事務は、それを能率的に遂行するために、その規模、能力および財源によって準備の整っているいずれかの段階の政府に割り当てられるであろう。

3　地方自治のためにそれぞれの事務は適当な最低段階の政府に与えられるであろう。市町村の適当に遂行できる事務は、都道府県または中央政府に与えられないという意味で、市町村には第一の優先権が与えられるであろう。第二には都道府県に優先権が与えられ、中央政府は地方の指揮下では有効に処理できない事務だけを引き受けることになるであろう。」

⑤地方自治政府のために、以下のような原則をもった税制を設けるべきである。ⓐ租税は、簡単でなければならない（数が少なく、納税者が容易に理解できるものでなければならない）。ⓑ各地方税は、有効な地方管理（local administration）を可能ならしめるものでなければならない。ⓒ中央政府と都道府県と市町村の間では、可能なかぎり税源を分離すべきである。そうすることによって、市民は、自分に課された税額およびその使用の仕方との関係において、政治的責任を定めることができる。ⓓ地方単位は、地方有権者の必要と要求に応じて税率を上下させる権能をもつべきである。⑥地方当局の利用できる税収を大幅に増加し、補助金を減額し、地方当局の必要とする歳入の差額は平衡交付金で補塡すべきである。「この交付金は課税力と必要とを異にする地方の税負担と地方役務の質とをほぼ均等化するように配分せねばならない」。

以上が、「シャウプ勧告」における地方自治関係勧告の要点である。税制についての勧告を主旨としているので、あるべき地方自治制度論が体系的に展開されているわけではない。にもかかわらず、この勧告において「充実した地方自治」の体制が意図されていることは一目瞭然といいうるほどに明らかである。中央政府（National government）とならんで、市町村と都道府県も「地方政府」として位置づけられ、市町村最優先・都道府県優先の事務配分の原則、その事務配分原則にみあった自主財源配分の原則が、「人民による、人民のための政治」の確保の観点から提起されていたことは、その時点における政治への影響がどうであったにせよ、日本の地方自治論・国家論にとっては画期的なことであった。シャウプ勧告は、その意味で記念碑的なものとなるはずであった。[*]また、日本の中央集権体制の病理の診断も的確で、大筋において現在でも通用する内容のものとなっている。その後五〇年間この勧告を無視し続けた中央集権体制の病根の大きさを確認させる文書でもある。

* 一九四九年九月に提出された「シャウプ勧告」（第一次勧告）は、すぐに政府の手によって翻訳されたが、気になる訳語・訳文も少なくない。Government が「行政機関」、local government が「地方団体」、local governing bodies が「地方行政団体」、local service が「地方行政」、governmental service が「行政作用」と訳出されているのはその一例である。ここでは、そのような翻訳では勧告の趣旨を誤解することにもなりかねないと考え、政府の訳語・訳文は参照するにとどめている。

(3) 「行政事務再配分に関する勧告」（一九五〇年一二月提出の「神戸勧告」）

「シャウプ勧告」を受けて制定された地方行政調査委員会議設置法に基づき地方行政調査委員会議が設けられた。同委員会は、神戸正雄京都大学教授（当時）を委員長としていたので、「神戸委員会」とも呼ばれた。同委員会が一九五〇（昭和二五）年一二月に国会と内閣に提出した勧告にも、「シャウプ勧告」をふまえた以下のような注目に値する指摘があった。

①「憲法の定める地方自治の原則は、憲法の根本原則たる国民主権に基く民主的体制を地方行政の部面に採り入れるとともに、これによって国の民主的政治的体制の基礎を培養しようとするものである」。

②「シャウプ勧告」の行政事務再配分に関する原則——1・行政責任明確化の原則、2・能率の原則、3・地方公共団体優先および市町村最優先の原則——を、当会議は前提とする。

③「国と地方公共団体との間における事務配分の調整は、その事務の性質上当然国の処理すべき国の存立のために直接必要な事務を除き、地方公共団体内の事務は、できる限り地方公共団体の事務とし、国は、地方公共団体においては有効に処理できない事務だけを行うこととすべきである」。

④この事務配分の原則からすると、国の事務とすべきものは、以下のようになる。

「(1) 国の存立のために直接必要な事務

(2) 政策上全国的規模において総合的に行う企画に関する事務

(3) 府県の区域をこえる事務で府県においては有効に処理できない事務及び地方公共団体に無関係な事務

(4) 全国的見地から地方公共団体の意思にかかわらず統制しなければならない事務

(5) 権力作用を伴わない国民に利便を供するための施設で、地方公共団体の行うことが著しく非能率且つ不適当なもの。その他のものについては、国と地方公共団体とある程度重複して行うことはさしつかえない。もっとも、この場合において、国は地方公共団体の創意を損しないようにすべきである。」

このような方針からすると、国の事務は、具体的には、外交に関する事務、幣制に関する事務、国の組織及び財政に関する事務、司法及び行刑に関する事務、郵便・電信電話・電波管理及び航空保安に関する事務、専売に関する事務、貿易及び検疫に関する事務、全国的な統計調査及び測量に関する事務、国土総合開発に関する事務、国有鉄道及び国営保険に関する事務、国立の大学・博物館・図書館・試験研究施設・検査施設・医療施設・福祉施設に関する事務、重要な文化財の保護に関する事務、無体財産権に関する事務、度量衡の基本に関する事務、麻薬取締に関する事務、労働基準及び全国的規模における労働関係の調整に関する事務、医師・薬剤師等の試験及び免許に関する事務、銀行業・保険業・工業・電気事業・地方鉄道及び軌道事業・海上運送事業等の監督に関する事務、公正取引の確保に関する事務、食糧管理・物資及び物価の統制に関する事務、農地制度及び漁業権制度の改革に関する事務などに限定されるべきである（計二九を例示している）。

⑤「国の事務として配分されるもの以外のすべての事務は、地方公共団体の事務とすべきである」。

⑥市町村は、住民に直結する基礎的地方公共団体であるから、地方公共団体の事務とされるものは、原則として市町村に配分されるべきである。市町村の区域を超えて処理しなければならない事

務や市町村で処理することが著しく非能率または著しく不適当である事務が都道府県に配分されるべきである。

⑦「当該地方公共団体またはその住民のみに関係があり、他の地方公共団体に対する影響も国家的影響も少ない事務については、国は原則として関与すべきではない。法律によって基準を定めまたは処理を義務づけることはもとより、非権力的な関与をすることもできないものとすべきである。他の地方公共団体に関係のある場合でも、その影響するところが局所的なものについては、なるべく関係地方公共団体が相互に協議して解決することが望ましく、協議がととのわない場合にはじめて、国が、関係地方公共団体の請求をまって調整又はあっせんを行うこととすべきである」。

地方公共団体の事務で国家的影響があると認められるものについても、法律で地方公共団体に処理を義務づける事務はなるべく限定し、どのような事務をどのような形でおこなうかは地方公共団体が自主的になすべきで、「法令では必要最小限度において主として最低限度の水準を定める程度にとどめるべきであろう」「地方公共団体が事務処理を怠る場合、又はそのやり方が適切でない場合等の弊害は、本来当該地方公共団体の住民が選挙若しくは各種の直接請求制度の手段を通じ、又は世論の喚起により批判し、是正すべきである」。

「国の地方公共団体に対する方法としては、許可、認可、命令、取消、変更、代執行等のいわゆる権力的な監督は、原則として、これを廃止すべきである」。

⑧国の責任とされている事務を地方公共団体の機関に委任しておこなうこと(「機関委任事務」)

は極力避けるべきであるが、国会議員の選挙、国がおこなう指定統計調査、食糧管理のように地方公共団体に密接に関係するものについては、認められてもよい。しかし、その場合にも、その事務の処理のために地方公共団体に経費を負担させることは、絶対に避けるべきである。

⑨「拡充された地方公共団体の事務の円滑な処理は、地方公務員の資質を向上し、有能な人材が進んで地方公務員となるような措置を講ずることによって、はじめて期待できる……」民主的で能率的な地方公務員制度の確立が是非とも必要である。

⑩「責任の所在と経費の負担は、原則として一致しなければならない。……その責任とされる事務の処理に要する経費は、それぞれ市町村、府県又は国が自ら負担すべきである」。当面は、地方財政平衡交付金制度等の運用によって、できるだけ右の原則を貫くようにすべきである。*

* 「神戸委員会」は一九五一（昭和二六）年に第二次勧告をしているが、それは事務の再配分に伴う地方財政制度の改革を内容とするもので、具体的には地方税の強化、国庫補助金の縮減、地方債についての許可制の廃止などを勧告するものであった。

「神戸勧告」の力点は、事務配分と財源配分におかれているが、この勧告においても「充実した地方自治」の体制が志向されていることは間違いない。「行政事務の再配分」の表現にもかかわらず、「地方政府」に優先的な事務配分を求める「シャウプ勧告」を実質的にふまえて、地方公共団体への事務の配分が行政権限の配分にとどまらず、事務処理のために必要な基準を定立する立法権の配分を伴うものであることを明示している（たとえば、⑦の傍点を施した部分を参照）。

たしかに、この勧告は、中央省庁の抵抗にあって、ほとんど実現されなかった。しかし、それは、「シャウプ勧告」とともに、日本の地方自治論にとっては、記念碑的意義をもつものであった。「その勧告に述べられた精神は、地方自治の本旨という見地からは、現在でも妥当するものであ〔る〕」とする評価があることにも注目したい（橋本勇『地方自治の歩み――分権の時代にむけて』一九九五年・二九六頁）。

4　一九八五年の「ヨーロッパ地方自治憲章」と「世界地方自治宣言」

人権の保障と権力・権力機構との関係は、少なくとも人権を認める憲法においては、近代の初頭から、前者が目的で後者がその手段の関係にあると解されてきた。人権の保障は時代とともに充実強化されていくが、その的確な保障のためには「手段」の民主化つまり充実した民主主義が不可欠であることも次第に共通の理解となっていった。そして、「充実した民主主義」の体制が「充実した地方自治」の体制を不可欠としていることも、次第に理解の範囲を拡げていった。「充実した地方自治」体制の不可欠性についての理解はもっとも時間を要したが、いま本格的な開花期を迎えようとしている。そのことを象徴的に示しているのが、一九八五年の「ヨーロッパ地方自治憲章」と「世界地方自治宣言」である。

ヨーロッパ地方自治憲章は、ヨーロッパ評議会（Council of Europe, CE）の閣僚委員会が一九八五年七月二五日に採択し、一九八八年九月一日に発効した。あるべき地方自治の諸原則を明らかにした多国間条約である。ヨーロッパ人権条約、ヨーロッパ社会憲章、ヨーロッパ文化協定とともに、CEの「四本の柱」と評される条約である。ヨーロッパ諸国に「充実した地方自治」の体制を法的拘束力をもつ条約の形式でもち込もうとするものであるが、各国の事情を考慮して、拘束される憲章規定について選択の余地も認めている。

地方自治の強化を目指す世界的な組織である国際地方自治体連合（IULA）は、一九八五年九月の第二七回世界大会で、世界地方自治宣言を採択した。ヨーロッパ地方自治憲章の定める地方自治の諸原則は、ヨーロッパだけでなく、世界のすべての国で採用されるべきであるとして、その諸原則を宣言したものである。IULAは、それを国連の宣言とすべく国連に送付し、国連は経済社会理事会の経済委員会で審議した。しかし、経済委員会が好意的であったにもかかわらず、ソ連＝東欧型社会主義諸国の混乱・崩壊などの故もあって、その審議は停止されてしまったようである。一九九三年六月のIULA第三一回世界大会で新宣言が採択された。本文は八五年のものと同一であるが、前文は、改められて、自治体の積極的な役割を再確認し、中欧・東欧の諸国においてヨーロッパ地方自治憲章が地方自治のガイドラインの役割を果たしていることなどを指摘している。

憲章と宣言は、ほぼ同じ諸原則を掲げているので、以下では一括してその要点を指摘する。

①憲法または統治構造に関する基本法で、地方自治の原則を承認すべきである（宣言第一条）。憲

章は、できるならば憲法でとしているにとどまる（第二条）。両者とも、自治権を権利としている（ともに第二条）。

②地方公共団体の権限について、「全権能性」「補完性」の原則をとる。

「地方自治体は、他の団体に排他的に配分されていない、または地方自治体の権限から明白に排除されていない事項のすべてについて、自主的に活動することができる一般的権限をもつ」（宣言第三条二項）。憲章も、「法律の範囲内において」と留保しつつ、全権能性を認めている（第四条二項）。自治体は、広く住民のためのものとして、法律が明白に否定していないかぎり住民の生活・産業・文化のすべてに関する事項につき活動することができる。

憲章も宣言も、公的な仕事が原則として市民にもっとも身近な地方公共団体によって優先的におこなわれるとしている（憲章第四条三項、宣言第三条一項）。公的な事務配分における地方公共団体優先の原則（市町村最優先、都道府県優先）の原則である。憲章は「任務の範囲と性質および能率と経済の要請」から、宣言は「各国の実情に応じて」、例外が認められるとする。「住民による、住民のための政治」を求める「住民自治」の原則からすれば、当然の原則である。

地方公共団体に授権される権能は包括的・排他的でなければならないこと（憲章第四条四項、宣言第三条四項）、地域の実情にあった受任権能の行使（憲章第四条五項、宣言第三条五項）、および地方公共団体に直接関係する「すべての事項」につき、他の団体が意思決定をする場合、「できるかぎり意見を求められる」権利（憲章第四条六項）や他の団体による意思決定過程への参加権（宣言第三条六項）なども認められている。

③住民自治の原則も、以下のようにして承認されている。「この権利（自治権）は、直接・平等・普通選挙に基づき秘密投票により自由に選ばれた者から構成される議会によって行使される。この議会は、それに対して責任を負う執行機関をもつ。この規定は、法律により認められる場合に、市民集会、住民投票またはその他の直接的市民参加の方式を妨げない」（憲章第三条二項、また宣言第二条二項も参照）。憲章の前文が「この権利（公的事項の運営に参加する市民の権利）がもっとも直接的に行使されうるのは地方のレベルである」と述べ、また宣言の前文が「地方自治体は、……市民の生活環境にかかわる意思決定に市民を参加させ、また……市民の知識と能力を活用するには最適の地位にある」としているところからすれば、直接的市民参加への期待は消極的ではないし、また市民の役割を議員の指名に限定する「純粋代表制」的な議会制を求めているわけでもない。

④現行の地方公共団体の保護も定める。その境界を変更する場合には、必ず関係する地方公共団体の事前の協議が必要であり、かつ事前の協議は住民投票の方法によることもできる（憲章第五条、宣言第四条二項）。

⑤宣言は、地方公共団体に、「地域の必要に応じた効果的な行政運営を確保するために」その行政機構を自主的に決定できるとし（第五条一項）、憲章も「法律の一般的規定に反しない」ことを条件に、同様の権限を認めている（第六条一項）。

⑥地方公共団体に対する行政監督についても、その実体・手続の法定とその目的が憲法・法律の

遵守に限られることが求められている（憲章第八条、宣言第七条）。
⑦自主財政権を保障すべく、ⓐ固有財源とその自由な処分権（憲章第九条一項、宣言第八条一項）、ⓑ権能と財源の適正な対応関係（憲章第九条二項、宣言第八条二項）、ⓒ自主課税権（憲章第九条三項＝地方税・手数料の決定権、宣言第八条三項＝地方税・手数料料金の決定権）、ⓓ財政力の不十分な地方公共団体のための財政調整制度（憲章第九条五項、宣言第八条五項）、ⓔ自主起債権（憲章第九条八項）などが具体的に保障されている。豊かな自治権をもっていても、それにみあった内容の自主財政権がなければその自治権は自治のために機能することはできない。自治権の保障に不可欠のものである。
⑧憲章と宣言は、地方公共団体に、その権能の行使のために他の地方公共団体と協力し、連合組織を設ける権利も保障し、さらに、地方自治体の共通の利益の保護増進のために、国内的および国際的な地方公共団体の連合組織に加盟する権利も保障する（憲章第一〇条、宣言第九、一〇条）。
⑨地方公共団体が、その自治権を侵された場合、司法的救済を求めることも認められている（憲章第一一条、宣言第一一条）。
⑩憲章は、各国の地方自治制度の状況を考慮して、締約国に一定の裁量権を認めている。締約国は、ⓐ憲章の第一部（三〇条項）の少なくとも二〇条項に拘束され、ⓑその二〇のうち一〇条項は第一二条一項に規定されている一四条項から選択しなければならない、というものである。ⓑは、「核心部分強制制度」である。

憲章と宣言は、各国に大きな影響を及ぼした。あとでもふれるが、それらは、「充実した地方自治」体制への転換を世界的な規模でもたらす起爆剤の役割を果たそうとしているようである。

5 「現在」における「充実した地方自治」体制への転換の様相

このような動向の延長線上に、一九九〇年代に制定された諸憲法における「充実した地方自治」体制の導入および二一世紀初頭における国連による「世界地方自治憲章」（多国間条約）制定の動きがある。この点については、次の**二**の**3**の**(3)**を参照されたい。

二 近現代の市民憲法の対応と「現在」の課題

体制側、反体制側のいかんにかかわらず、「充実した地方自治」の体制を求める思想と運動は、近代・現代・「現在」と時代ごとにその力を強化してきた。憲法や法律は、このような思想や運動の動向にどのように対応してきたのであろうか。

1 地方自治の歴史的社会的相対性

まず最初に、憲法・法律で定められる地方公共団体の在り方（地方制度）や憲法・法律に導入すべきだとして追求される地方自治の在り方（地方自治の思想）が、時代とともに変化しているだけでなく、同じ時代においても、社会のどのような階級・階層がその主たる担い手となるかによって異なっていることを確認すべきであろう。同様なことは、人権保障の在り方や民主主義の在り方においてもいえることであり、これらについては、そのような相対性はむしろ当然のことと受けとられている。

(1) 地方自治の歴史的相対性

地方自治の制度や思想・運動が歴史とともに変化していることは、明治憲法と日本国憲法における地方自治の保障の仕方の違いや近代市民憲法と現代市民憲法における地方自治の保障の仕方の違いを考えてみるだけでも、すぐわかることである。

すでにみておいたように、明治憲法(一八八九年)は、地方自治についてはもちろんのこと、地方公共団体についても、何ら規定を設けていなかった。日本国憲法(一九四六年)は、地方公共団体の権能・組織・運営について法律で定める旨の規定さえも欠いていた。地方公共団体の権能・組織・運営についての動向をふまえて、その第八章を「地方自治」(その英訳は、Local Self-Government)にあて、その冒頭に「地方公共団体の組織及び運営に関する事項は、地方自治の本旨に基いて、法律でこれを定める」(第九二条)とする規定をおいている。地方公共団体の権能・組織・運営の在り方を定めるにあたっては、「住民自治」や「団体自治」など(この二つに限られるわけではない)の原則を内容とする「地方自治の本旨」に基づいて、法律で定めなければならないとしている。法律で地方公共団体の組織・運営の在り方を任意に定めることを認めてはいない。そして、第九三条以下や憲法の他の諸条項で、「住民自治」や「団体自治」などの諸原則の具体的な内容を部分的に指示している。

これもすでにふれておいたことであるが、歴史学では、世界史の時代区分として、封建体制を終わらせる近代市民革命期から第一次世界大戦期までの時期を「近代」と呼び、第一次世界大戦期以降を「現代」と呼ぶ傾向が強いようである。憲法学も、近代の段階の資本主義憲法を「近代市民憲法」と呼び、現代の段階の資本主義憲法を「現代市民憲法」と呼んでいる。あとで若干立ち入って検討するように、近代市民憲法は、原則として、憲法で地方公共団体の存在を認めつつも、その権能・組織・運営について何ら具体的な保障をすることなく、その定めを法律に白紙委任していた。「地方公共団体の組織および運営にかんする事項は、法律でこれを定める」とする類の規定を設けているにすぎなかった。しかし、現代市民憲法は、地方公共団体の在り方を法律に白紙委任することなく、ある程度の自治をみずから具体的に保障するようになっている。住民代表機関として直接普通選挙による議会を認め、法律の範囲内で自治立法権や自治行政権を認める傾向にある。一九四六年のフランス憲法や日本国憲法、一九四八年のイタリア憲法、一九五八年のフランス憲法など、地方制度のために独立の章を設けている憲法も少なくない。

(2)　地方自治の社会的相対性

地方公共団体の在り方したがって地方自治の制度や思想が社会的に相対的であるということは、

たとえば、フランス革命期における、議会に結集したブルジョワジーの地方自治論と議会外でも活動した民衆層の地方自治論の違いを考えれば理解しやすい。あとで検討するように、ブルジョワジーの代表たちは、地方自治について憲法上何ら具体的な保障をすることなく、法律に白紙委任することを求めていた。それも、原則として、すべての政治の実体的および手続的基準を定める立法権を中央政府（国会）に留保したうえで、中央政府に従属する下級行政機関としての地方公共団体の在り方を法律で任意に定めることを求めていた。このような態度が、資本主義の本格的な展開をはかるために、統一国内市場を求めかつ中央集権国家を樹立しようとしていたことの結果であったことは、間違いあるまい。

これに対して、民衆の側は、民衆の解放を求めて、すでにみておいたように、「人民による、人民のための政治」を求める「人民主権」を掲げ、その不可欠の要素として「充実した地方自治」の体制を求めていた。「充実した地方自治」の保障なしには、自分たちの生活の場である地域の生活・産業・文化を発展させることができず、地方と中央の民主主義を活性化できないことに気づいていた。少なくとも、民衆運動のリーダーたちは気づいていた。彼らは、「充実した地方自治」の保障を基礎とする国家体制（「充実した地方自治」の体制）を求めていた。*

このように、地方自治の制度や思想、それと不可分の関係にある国家体制・国家論がその主要な社会的担い手との関係で相対的なものとなることは避けがたいことであるが、その相対性自体が流動的・可変的であることに留意したい。たとえば、近代市民憲法の段階では、近代市民革命を経た国においても、直接普通選挙を保障しないのが常態であった。直接普通選挙は、原則として民衆の側の要求であり、反体制のシンボルでさえもあった。しかし、それが民衆一般の要求となり、それを無視することが体制の不安定要因となることが理解されるようになると、体制の安定（反体制運動の体制内化）を確保するために、体制の内部からもその実現が求められ、憲法典に導入されるようになる。同様なことは、社会権の保障や「大きな財産や経済活動」「公共性の強い財産や経済活動」の積極的な制限を求める「社会国家」「福祉国家」の理念についてもいいうる。

地方自治の問題も、同様である。この問題については、トクヴィルのように、支配層の一員でありながら、早くから中央集権体制が体制不安定の要因であることに気づいて、その本格的な批判と「充実した地方自治」体制の導入のために体制内で本格的な闘いをしていた者もいる。中央集権にこり固まっている体制内においては、その本格的な改革論は、ときには反体制の議論よりも敵意をもってみられる。それだけに、その改革論には鋭い現状認識や説得力のある提言もみられる。「充実した地方自治」の体制は、日本の憲法政治においてはいまなお実現されていないだけに、トクヴィル的な改革論には学ぶべきものが多い。

＊　この点と関連しては、フランス革命期に「人民主権」を標榜しつつも中央集権体制にこだわったジャコバン＝モンタニャールが問題となる。彼らが、「人民主権」と封建地代の無償廃止を認めていたところから、彼らを民衆の利害を代弁する政治集団とする見方がある。この点からすれば、民衆の

「人民主権」は、かならずしも、「充実した地方自治」の体制と結びつくものではなく、その「人民主権」は中央集権体制を求めるものであったということになりかねない。しかし、この見方は、以下の諸点からみて支持しがたい。一七九三年憲法（ジャコバン憲法、モンタニヤール憲法とも呼ばれる）における「人民主権」についてのもろもろの留保、「人民主権」の実施に対する否定的態度、さらには一七九三年憲法における経済的自由権の積極的承認、「国有財産の売却」における個人参加を条件とした競売方式の採用（それは、民衆層による土地等の国有財産の取得を困難にするものであった）、民衆層の求めていた農地均分法に対する反対、民衆に対する強圧的対応（民衆の処刑と民衆組織に対する攻撃など）等からみて、ジャコバン＝モンタニヤールが「人民主権」の積極的な支持者であったとか、民衆の利害の代弁者であったとすることには無理があるということである。フランス革命の初期の段階においては、革命の主役であったブルジョワジーは、警察力も軍事力ももっておらず、反革命に対抗するためには、「民衆の鉄の腕」を頼るほかはなかった。それ故に、ブルジョワジーは、民衆を警戒しつつも、その協力をえるための窓口を自己の内部に用意していなければならなかった。一七九三年からその翌年にかけて、その役割を演ずる立場にあったのがジャコバン＝モンタニヤールであった。その「人民主権」は、実施すべきものとして標榜されていたわけではなく、民衆の協力をえるための方便として掲げられていたようにみえる（この点については、私の『国民主権の研究』七五頁以下を参照）。なお、この点については、本章一の1の(1)の＊の部分も参照されたい。

2 近代における地方自治についての三つの型

近代の段階には、地方自治について三つの注目すべき制度・思想があった。

(1) 「近代立憲主義型市民憲法」下の地方自治制度

これは、近代市民革命によって近代化したフランスやイギリスなどに出現する地方自治制度である。その基本特色は、以下のようである。①憲法で、中央政府に従属する地方公共団体の存在を認める、②憲法では、原則として地方公共団体の権能・組織・運営について何ら具体的な保障をすることなく、それらを法律で具体化する、というものである。その狙いは、封建制度の廃止と資本主義の本格的な展開のために必要な統一国内市場を創出すべく、統治権の単一・不可分性と唯一の立法機関としての国民代表の制度(国民代表のみがすべての政治の実体的および手続的基準をつくる体制)をつくることであった。そこでは、地方公共団体は、原則として、中央政府の指揮監督に服しつつ行政の一部を担当することになる。(3)でみるように、民衆層が「充実した地方自治」の体制を要求していたこともあって、地方公共団体の存在を認めてはいたものの、その本音は地方自治体不要論であった。たとえば、フランスの共和暦三(一七九五)年憲法は、第一条でフランスが「単一・不可分」の共和国である——したがって、地方公共団体には固有の統治権(自治権)を認めない——として、県・郡・市町村に固有事務も、住民自治も認めていなかった。立法権の委任も禁止されていた(第四五条)。地方公共団体は、法律で認められた行政権限を中央政府の指揮監督のもとで行使する下級行政機関であった。大臣―県庁―郡庁または市町村役場の間には、上級庁・下級庁の関係を認めていた。大臣は、法律または上級行政庁の命令に反する県行政の担当者を休職または罷免し、県は郡または市町村の行政担当者について同様な措置をとることができるとされていた。中央政府は、県庁、郡庁、市町村役場の行為を無効とすることもできた。

いずれにしても、フランス近代の諸憲法では、行政権の分担者としての地方公共団体にどのような行政権限・組織・運営を認めるかは原則として国民代表たる国会に白紙委任されていた。フランス近代においても、法律によって地方自治（地方行政の自治）の保障が次第に強化されていったが、憲法では地方自治は具体的に保障されていなかった。このような事態は、フランスにかぎられない。名誉革命で「議会主権」を樹立したイギリスも、議会制定法によって地方行政庁に地方自治権を認めるという点では、同様であった。

しかし、地方自治の具体的な在り方を法律で定めるとしているこの型においても、たとえばフランスとイギリスでは、法律で具体化される地方自治の在り方が相当に異なっていたことにも注意をすべきであろう。

第一に、フランスにおいては、法律による地方自治は、全地方公共団体を対象に、行政権限の分権に力点をおいていた。地方公共団体への分権は一般的包括的におこなわれていたが（「包括的授権主義」と呼ばれるやり方で、たとえば「市町村警察は、善良の秩序、安全および公衆衛生を対象とする。それは、とりわけ以下のようなものを含む」というような授権の仕方）、住民や住民代表による事務の処理（住民自治）は充実していなかった。また、立法権の分権はおこなわれず、国民代表（国会）のみが政治の基準を定めるとする原則は、不動であった。地方公共団体は法律の範囲内で命令を定めることができるにすぎなかった。

これに対して、イギリスでは、特定の事務を特定の地方公共団体に授権する方法をとり、法律の範囲内でその事務の処理の基準を定めること（自治立法権）を認める傾向にあった。授権される事務は、個別的、制限列記的であり、住民または住民代表による事務の処理を原則としていた。

第二に、法律で授権された事務の処理について、フランスにおいては、「後見監督」つまり「行政監督」の方法がとられていた。その担当者が中央政府によって休職や罷免され、またその職務行為について中央政府による事前の承認、違法・不当を理由とする事後の取消し、というような統制方法がとられていた。これに対して、イギリスでは、立法による統制のほか、裁判所による事後の「違法監督」つまり違法行為の取消しが原則とされていた。

「法律による地方自治」の立場をとりつつも、フランスとイギリスでは、地方自治の具体的な在り方が相当に異なっていた。その法的要因としては、フランスが統治権を単一・不可分のものとして「国民」の所有するものとしかつ一般的抽象的法規範の定立を主内容とする立法権を国民代表府たる国会に専属させていたのに対して、イギリスが「男を女とし女を男とする」こと以外は何でもできる国会主権の体制をとっていたこと、があげられるであろう。

なお、フランスやイギリスの場合には、地方自治の在り方が民選の国民代表府の法律で定めるものとされていたので、一応は民意を反映できるものであったことに注意すべきであろう。選挙制度が民主化するにつれて、地方自治の在り方も次第に「人民による、人民のための政治」の手段としての機能をもつようになり、それを強化していくはずであった。また、たとえばフランスの場合、「近代立憲主義型市民憲法」下の地方制度が、すでに紹介しておいた「人民主権」に立脚する「民衆の地方自治論」(フランス革命期のサン・キュロット運動や一八七一年のパリ・コミューンの地方自治論)およびトクヴィルの地方自治論などから厳しい批判を受ける立場にあったことにも注意すべきであろう。*

* アメリカ合衆国の近代には、トクヴィルを驚嘆させるような「人民主権」に立脚する「充実した地方自治」があった。トクヴィルのみたアメリカの地方自治については、すでに紹介しておいたので、ここではふれない。なぜそのような地方自治が、他の諸国の場合と異なってアメリカに出現したのかが問題となる。この点もすでにふれておいたので、ここでは以下の諸点を再確認しておきたい。

第一は、ヨーロッパと異なる近代国家の形成過程である。たとえば、フランスでは、フランス革命のなかで中央集権体制の国家を創出し、そのために地方公共団体を法律で中央政府の下部組織に再組織した。しかし、アメリカでは、チャーター等で自治権を与えられていた市町村が植民地段階で形成されていた。市町村は郡より前に、郡は州より前に、州は連邦より前に組織されていた。小さな団体は、より大きな団体が組織されるたびに、自己の利害を超える包括的な任務をより大きな団体に移転したが、より小さな団体は、その固有の利害のみに関する事務は移転することなく、みずから処理し続けた。

第二は、アメリカでは、独立革命前から「人民主権」の原理が市町村で具体的におこなわれていたことである。それが連邦形成後においても市町村で実践されていたことはトクヴィルが描き出しているとおりである。たしかに、一九世紀後半、とくに南北戦争以降、州権が強調されたこともあったが、とくに現代においては、州憲法が地方的事項について自治憲章の制度を認めるようになり、多くの州で「充実した地方自治」が保障されている。この点については、「自治憲章」制度の問題として、すでにみておいた（本章一の2の(1)③の★★）。

(2) 「外見的立憲主義型市民憲法」下の地方制度

ドイツや日本では、近代市民革命によってではなく、旧特権階級のイニシアチブによって近代化がおこなわれた。「上からの近代化」であり、「反動による改革」である。しかし、そこでも、「近代化」の証しとして立憲主義（政治と社会の根本的な在り方を憲法に定めかつその憲法に従って政治をしなければならないとする政治の在り方）の原則が導入された。だが、その立憲主義は、君主主権、権力分立を形骸化する統治権の総攬、法律で任意に制限できる国民（臣民）の権利、統帥権の独立などを特色とし、基本的人権の保障、国民主権、権力分立など、権力の濫用を阻止するために必要な原理をすべて欠いていた。このような立憲主義の在り方を定める資本主義憲法を「外見的立憲主義型市民憲法」という。外見的立憲主義とは、「上べだけの」「みせかけの」立憲主義ということである。そのような憲法のもとで出現する地方（自治）制度が、近代における地方制度の第二類型である。この類型は、次のような特色をもちがちで、「自治」というにはおこがましいような地方制度であった。

第一に、それらの国も、資本主義の本格的な展開を求めて、統一国内市場、中央集権的統一国家を築こうとしていた点では、フランスやイギリスの場合と根本的な違いはない。というより、封建的割拠体制がより長く続いた後発資本主義国として、その要求は、先発資本主義国よりさらに強かったことに注目すべきであろう。先発資本主義国に追いつき追い越すために、強大な国家の権力と財力を利用しようとしていた。

第二に、「外見的立憲主義型市民憲法」も、地方公共団体の在り方については、何ら具体的な保障をしていなかった。

たとえば、やがて統一ドイツの中心となるプロイセンの一八五〇年憲法*においては、中央政府に従属する地方公共団体の具体的な在り方は、法律で定めるとされていた。しかも、その法律の制定手続は、きわめて非民主的であった。国王と各議院が法律案の提出権をもち、それが法律となるためには、国王、国民の選挙によらない貴族院、および公開・間接・三級選挙で選ばれる代議院、の三者の賛成が必要とされていた。そこには、民意が法律に反映される可能性はほとんどなかった。かりに民選の代議院を通じて民意が表明される可能性が若干はあっても、その現実化は、法律については、国王と貴族院で阻止される仕組みになっていた。それに、民選の代議院は、その非民主的な公開・間接・三級選挙制度の故に、ほとんど民意を表明できないものであった。** フランスやイギリスの法律が一応は民意を表明しうる仕組みをもっていたのと、大きく異なっていた。ここでは、地方公共団体の在り方を定める法律は、実質的には国王の政府と官僚の作品であり、それ故に法律で定められる地方公共団体の在り方は、「従属」や「監督」と結びついても、「自治」とは結びつかないものであったといわれる。団体自治においても住民自治においても、みるべきものはなかったのである（この点については、たとえば、赤木須留喜『行政責任の研究』一九七八年の第二部第四章、阿部照哉他編『地方自治体系I』の第三章第一節（三成賢次執筆）を参照）。

たしかに、ドイツにおいては、学説においても実務においても、「固有事務」と「委任事務」の区別が問題になった。「固有事務」の基礎には、地方団体が国家から独立の存在でありそれ故に固有の自治権をもつという考え方があるようにみえるが、ドイツではその考え方は支持されなかった。そこでは、国家が統治権の所有者であり、地方公共団体はその伝来的な担当者にすぎないとされていた。固有事務も委任事務も、法律を通じて国に由来している点においては共通であり、その違いは法律による委任の仕方の相違、とりわけ地方に委任した事務についての国の関与の仕方の相違にあるとされていた。固有事務については合法性の監督を、委任事務については合法性の監督のほかに合目的性の監督も加えられるとしていた。いずれの事務も法律を通じて国に由来するものであり、かつ固有事務とするか委任事務とするかが法律によるところからすれば、この事務の区別が、地方公共団体の在り方を質的に左右するものでないことは否定しがたいことであった。

また、明治憲法においては、すでにみておいたように、地方公共団体の在り方を法律で定めるということさえも、保障されていなかった。しかし、現実には、市制、町村制および府県制は、法律で定められていた。明治憲法の立法手続はプロイセン憲法に優るとも劣らずに非民主的であり、しかも地理的・文化的条件の相違もあって、法律で定められる地方公共団体の在り方は、プロイセンの場合以上に自治を欠いたものとなるはずであった。すでにみておいたように、府県はほぼ全面的に官僚行政の場であったし、市町村も基本的には官僚行政の末端機構であった。ドイツにならって、「固有事務」「委任事務」の区別も論じられたが、その成果はドイツの場合以上に不毛であった（ドイツの場合を含めて、宮沢俊義「固有事務と委任事務の理論」同『公法の原理』一九六七年・一八三頁以下参照）。団体自治、住民自治のいずれも弱体であった。

＊　一八五〇年プロイセン憲法第一〇五条は、住民自治・団体自治について若干の具体的規定を定めていた。しかし、同条は、一八五三年五月二四日法律で、「プロイセン国の市町村、郡および州の議会および行政は、特別法により、詳細に定められる」と改められた。

＊＊　公開選挙は、秘密選挙に対するもので、投票者と投票内容を公開する制度で、投票の自由を事実上否定する役割を果たす（プロイセンでは、投票は公開の場で口頭でおこなわれていた）。間接選挙は、直接選挙に対するもので、有権者が選挙人を選び、選ばれた選挙人が議員を選挙する制度である。プロイセンでとられていた等級選挙は、「三級選挙」と呼ばれるもので、選挙区で納入される直接税

の総額を三等分し、総有権者を各三分の一の税額に相当するよう上位の多額納税者から順次三級に分類し（第一級で有権者数がもっとも少なく、第三級で有権者数がもっとも多くなる）、各級で選挙区に配分された選挙人数の三分の一ずつを選挙する制度である。各級の有権者の一票の価値は、大きく異なっていた。

すでにみておいたように、明治憲法下でも等級選挙が用いられたことがある。

(3)　「民衆の地方自治論」に関連して

「充実した地方自治」は、近代の段階では、アメリカ合衆国等若干の国の場合を別として、制度化されることがなく、原則として「民衆の地方自治論」「民衆の国家論」の一環にとどまった。この地方自治論については、「フランス革命期の『サン・キュロット運動』とその地方自治論」や「一八七一年のパリ・コミューンと『充実した地方自治』」として、すでにみておいた。ここでは、「人民主権」に立脚する「充実した地方自治」論が、「近代立憲主義型市民憲法」における地方自治の軽視となぜそしてどのように異なるのか、の観点から整理をしておきたい。「充実した地方自治」の体制かそれとも「地方自治の軽視」の中央集権体制化という異なった対応の差異をもたらしたものが、国家論——憲法問題としては主権原理の問題として提起されてくる——の相違にあったのではないか、ということである。

まず第一に、フランスの場合に焦点をあわせて、「近代立憲主義型市民憲法」の方からみておこう。議会に結集したブルジョワジーは、資本主義の本格的な展開をはかるために、財産権の不可侵をはじめとしてもろもろの自由権を人権として保障するとともに、その目的に適合的な主権原理として以下のような構造をもつ「国民主権《ナシオン》」を憲法に導入した。

①「国民主権《ナシオン》」(la souveraineté de la nation, la souveraineté nationale)とは、国籍保持者の総体としての「国民」が、単一・不可分・不可譲のものとして、主権(国家意思を決定しかつ執行する力としての国家権力=統治権)の所有者であるとするものである。統治権の所有者を国家と呼ぶならば、「国民」は即国家であり、「国民」と別に国家が存在するわけではない(「朕は国家である」の「朕」の地位に「国民」をおきかえたにすぎない)。このような「国民」は、生まれた直後の赤ん坊から死の直前の老人までのすべての国民を含む抽象的観念的なもので、それ自体としては、自然的な意思決定能力や決定された意思の自然的な執行能力をもっていない。したがって、「国民主権」のもとでは、主権(統治権)の行使を、若干の自然人からなる「国民代表」(政治の基準となる法律などを「国民」のために決める「国民」の意思決定機関)と決定された法律などを執行する(個別具体的な場合にあてはめる)機関とにゆだねざるをえない。

②「国民主権」のもとでは、主権の所有と行使は必然的に分離し、「国民代表」による国家意思の決定が不可避となる。しかし、そこでは、国籍保持者の総体としての「国民」が主権者であるから、成年者の総体または有権者の総体としての「人民」は主権者ではない。したがって、「人民」またはその一部が「国民代表」の成員(議員)を選挙している場合であっても、それは主権者たる

「国民」の主権の一部（議員の任免権）を「国民」のために行使しているのであって、自己の権利の行使ではなく、公務の執行つまり権限の行使にすぎない（「参政権公務説」）。同様にして、「国民代表」は、「国民」にかわって法律などを定めるにあたり、「人民」の意思に従うことも、その承認をえることも、それに責任を負うことも必要とされない。ここでは、「国民代表」の成員（議員）に対する「命令的委任（強制的委任）の禁止」（無拘束委任・自由委任）★が原則となり、「人民」による政治責任★★の追及も必要とされない。ここでは、「国民代表」とその成員に議会外の「人民」の意思から独立して、自由に政治の基準となる法律を形成表示することが保障される。

★　議員は、主権者・「国民」（「全国民」）の代表であって、自分を選出した選挙区や「人民」の代理人ではないから、選挙区や「人民」の指令などに拘束されない、とする制度をいう。

★★　責任の原因と内容（どういうことについてどのような内容の責任を負うか）を法律で定めている法的責任（たとえば刑事責任や民事責任）に対するものである。責任の原因は違法行為に限られず、不適当な行為や態度、無能力性等にも及び、責任の内容は批判その他の不利益を受けることであるが、権力担当者の地位から降りることをもって限度とする。政治責任の典型は、リコール（召還）制である。政治責任の制度は、次に述べる「人民主権」のもとにおいては不可欠のものであるが、そこでは、権力担当者による権力の濫用から迅速に主権者を守るというその目的と、権力担当者の地位から降りる（一般人の地位に戻る）ことをもって限度とするという責任の内容からみて、刑事責任に認められる無罪推定原則は認められない。

③そこでは、主権（統治権）は、全体としての「国民」に単一・不可分・不可譲のものとして専属しているから、個々の国民は、主権を何ら分有せず、その行使（政治）に参加する固有の権利ももっていない。したがって、「国民主権」の原理は、普通選挙制度を必然とせず、制限選挙制度による「国民代表」の選任も可能とする。事実、フランスが男女平等の普通選挙制度を導入したのは、第二次世界大戦後のことであった。

④このような「国民主権」は、選挙という多人数行為を用いることによって「国民代表」府＝国会から旧特権階級を事実上排除することができるだけでなく、民衆層の政治参加を排除できること（法律などの制定に直接参加することのみならず、制限選挙制度をとり入れることによって国会議員の選挙からも排除できること）および「国民代表」とその成員を「人民」とその単位の統制から解放できることのうちに、その歴史的社会的意義をはっきりと示している。それは、まさしく、資本主義を本格的に展開しようとしていたブルジョワジーのための主権原理であり、法学的国家論であった。*

このような構造をもつ「国民主権」原理は、地方自治との関係でも重要な意義をもつものであった。すでにみておいたように、それは、ⓐ「人民による、人民のための政治」を求めるものではなく、ⓑ「人民」と異なる「国民」のみが単一・不可分・不可譲のものとして統治権をもちかつ「人民代表」ならぬ「国民代表」のみが政治の基準を決定することを求めるものであった。このⓐⓑのいずれからしても、「充実した地方自治」はもちろん求められず、「地方自治」は政治の積極的要素となりえないはずであった。また、「国民代表」のみがすべての政治の基準を決定する体制のもとでは、地方公共団体が認められても、統治権の行使の基準を定める自治立法権をもつことはできず、中央政府の統制のもとで、「国民代表」が定めた法律の執行を分担できるにすぎない（例外的に、市町村財産の管理などの非権力的な管理作用については、方針の決定も認められていた）。地方公共団体の政治を、「地方行政」「自治行政」という言葉で示してきたことは、この事態をよく示している。

第二に、これもすでに若干はみておいたことであるが、フランスの場合、民衆層は、少なくともその自覚的な部分は、近代の初頭から、民衆層の解放のために、精神的自由権・身体的自由権・生活のために必要な財産権の積極的保障、一部の経済的自由権の積極的制限（たとえば農地均分法、ときには生産手段の私有化の否定も）、社会権の保障などを求め、そのための手段として「人民《プープル》主権」(la souveraineté du peuple, la souveraineté populaire) を原理とする国家の樹立を目指していた。

「人民主権」は、「国民主権」とは異質のもので、「国民」とは異なる「人民」を主権（統治権）の所有者とする原理である。「人民」は、政治に参加できる年齢に達した市民の総体、つまり成年者の総体を意味する（フランス革命期には、女性を含まないとする方が支配的な考え方であったようである）。このような「人民」は、みずから主権（統治権）を行使することができる。しかも、「人民主権」においては、「人民」の意思や利益は、その構成員（市民）の意思や利益の集積と考えられている。したがって、そこでは、各市民が主権の行使（政治）に参加する固有の権利をもち（「参政権権利説」）、直接民主制が原則となる。何らかの理由で、代表制をとる場合でも、直接民主制にかわる代表制として、その成員は、普通選挙によって、短い任期で選ばれ、その選出母体の意思に拘束され、かつそれに政治責任を負う。また、議会は、実在する「人民」の意思と利益を確認して法律としなければならない立場にある。*

いずれにしても、「人民主権」は、「人民」を統治権の所有者とする原理であり、それ故に「人民による、人民のための政治」を当然に求める。「人民主権」のもとでは、「人民による、人民のための政治」をおこないやすい地方公共団体の政治が重視されることになる。すでにみておいたように、中央政府の政治は、全国民を対象とするから、「人民による政治」においては、直接の民意による政治は困難で代表制が原則とされがちである。また、「人民のための政治」においても、政治の基準としての法律が原則として一般的抽象的法規範として定められることになるから、各地域の「人民」（住民）の具体的な必要・要求に応えることがむずかしくなる。しかし、地方公共団体においては、事柄の性質上中央政府によってしか処理できない全国民的な性質・性格の事務や中央政府の存立に関する事務は別として、地方公共団体で効果的に処理できる事務については、直接の民意による政治も、住民の具体的な必要・要求に応える政治もできる。また、そこでこそ主権者の成員としての意識と知識をもった「真の市民」を創出できる。「人民主権」を掲げる民衆たちが「充実した地方自治」の体制を求め続けたのは、このためである。「充実した地方自治」の体制は、「人民主権」の国家に内在するものである。「人民主権」の国家は「充実した地方自治」の体制を求める。★

＊　「国民主権《ナシオン》」と「人民主権《プープル》」については、私の『国民主権の研究——フランス革命期における国民

主権の成立と構造』一九七一年と『人民主権の史的展開――民衆の権力原理の成立と展開』一九七八年を参照されたい。

★ 日本国憲法の国民主権がフランスの「ナシオン主権」「プープル主権」のいずれに相当するかが問題となる。この点については、あとで立ち入って検討するが、その検討もせずに日本国憲法の国民主権を「ナシオン主権」と等置することがないようにと、ここでは「ナシオン主権」を「国民主権」と表示しておいた。

3 現代・「現在」における地方自治強化の動向

(1) 「充実した地方自治」論との対抗のなかで

近代市民憲法の歴史的社会的な主要な担い手は、ブルジョワジーであった。すでにみておいたように、彼らは、近代の初頭、資本主義の本格的展開を求めて、統一国内市場、中央集権国家を樹立しようとし、そのために中央政府に従属する地方公共団体の在り方を打ち出していた。従属の具体的な在り方は国によりまた憲法原理により異なっていたが、中央政府に対する地方公共団体の従属という点では、近代立憲主義型市民憲法の場合も外見的立憲主義型市民憲法の場合も、共通していた。しかし、このような地方自治を軽視する中央集権体制には、「充実した地方自治」の体制を求める立場からもろもろの対抗的な動きがあった。もう一度、次の諸点を確認しておこう。

第一は、フランスに顕著なことであったが、民衆の側が「人民主権」の原理をふまえて、「人民による、人民のための政治」を徹底して求め、その一環として「充実した地方自治」の体制を求め続けたことである。なかでも、一八七一年のパリ・コミューンは、注目に値する。それは、統治機構の面では、「国民主権」にかえて「人民主権」を、地方自治軽視の中央集権体制にかえて「充実した地方自治」の体制および中央政府と地方公共団体による公務の分担の体制を、樹立しようとする試みであった。

第二は、その一八七一年のパリ・コミューンで提起された、「充実した地方自治」を不可欠の要素とする国家構想が、マルクス等によって、「労働の経済的解放をなしとげるための、ついに発見された政治形態」と高く評価され、フランスを超える意義を与えられていたことである。この評価を最初に打ち出したのは、パリ・コミューンを重視していたマルクスであったが、その評価はエンゲルス、レーニン、その後のマルクス主義者に継承されていった。「充実した地方自治」の体制としての国家構想は、その後の社会主義国家のモデルとなるはずのものであった。しかし、その後に出現したソ連=東欧型社会主義国は、「人民主権」も「充実した地方自治」の体制も軽視して、軍拡に走り、二一世紀を目前にして崩壊してしまった。社会主義国家の在り方が「ついに発見された政治形態」との関係であらためて問われている。

第三は、トクヴィルが、アメリカ合衆国の民主主義を入念に検討し、それが「人民主権」を原理として「充実した地方自治」をその不可欠の核としていること、その自治の体制が「真の市民」の創出に不可欠であることおよび資本主義体制の安定と民主的独裁制の阻止のためにもそれらが不可欠であることを強調し、当時（一九世紀前半）においてのみならずその後においても大きな影響を与え続けていることである。このトクヴィルの影響も無視できない。その『アメリカにおける民主主義』は、アメリカ民主主義論の古典となっているだけでなく、その「充実した地方自治」論は「民主主義の小学校」論として人口に膾炙《かいしゃ》するに至っている。中央集権の体制を当然のことと考えてきた伝統的な国家論者とその教育を受けてきた一般市民にとっては、「中央集権の体制が独裁の一形態であり、『人民主権』に立脚する『充実した地方自治』の保障なしには充実した民主的な国家はありえないし、資本主義体制の安定もありえない」とする指摘は、一八七一年のパリ・コミューンとともに新鮮な刺激を与え続けている。*

＊ トクヴィルが『アメリカにおける民主主義』を発表した当時、トクヴィルの議論をおそらくはもっともよく理解し、大きな影響を受けたのはJ・S・ミル（John Stuart Mill, 1806-73）であった。彼の感想を一例として紹介しておこう。

「トクヴィルを研究したことから私が大きな利益をえた、もう一つの副産物的な問題は、中央集権という根本問題だった。アメリカやフランスが体験したことに彼は力強い哲学的分析を加えた結果、社会全体に共通する仕事も人民がやってさしつかえないかぎりは全部人民自身がやる、そして人民に代って仕事をするという意味でも人民のやり方を指図するという意味でも中央政府の介入は一切排除するということに、彼はもっとも大きな意味を附与するに至った。彼は、個々の市民のこういう実際政治での活動を、それ自体としても重要でありよき政治にとっても不可欠ともいうべき社会的感情とか実際的叡智とかを人民のなかに育て上げる最も有効な手段の一つとみただけでなく、民主主義に特有な短所のいくつかを防ぐ特効薬でもあり、民主主義が、今の世で真の危険性をもったただ一つの専制政治――全部平等であっても全部が奴隷である個々人の集合のうえに、中央政府の長が絶対の支配権をもつという――に堕することを防ぐ必要な防止策であると考えた。……」(『ミル自伝』朱牟田夏雄訳・一九六〇年・岩波文庫・一六九―一七〇頁)。「充実した地方自治」が、主権者としての意識と知識をもった「真の市民」を創出する機能をもっていることと、「民主主義の独裁」を阻止する機能をもっていることをも読みとっている。

(2) 現代市民憲法の対応

現代市民憲法は、このような「充実した地方自治」の体制を求める思想や運動の影響外にあることはできない。平等を求める動きがトクヴィルのいうように「摂理」によるともいうべき必然性をもつとすれば、その主権原理的表現である「人民主権」とその主権原理から導かれる「充実した地方自治」体制の要求が強まるのは自然のことであり、不可避のことである。それに、中央集権体制のもとでは、政治的にも、経済的にも、文化的にもうまくいかないという経験的な事実も積み重ねられている。すでに近代の段階で、普通選挙またはそれに類する選挙制度がとられるようになると、地方公共団体の具体的な在り方を定める法律が、徐々に住民自治や団体自治を認め始めていた。現代市民憲法においては、一般に、事態はさらに一歩推し進められて、地方公共団体の在り方につき、特別の章や条文が設けられ、その自治について若干の具体的な保障をするに至っている。地方自治の憲法的保障の時代の到来である。

たとえば、フランスの一九四六年憲法は、第一〇章を「地方公共団体」にあてて、地方自治につき以下のような保障規定を設けている。

「単一にして不可分のフランス共和国は、地方公共団体の存在を認める。地方公共団体は、市町村、県および海外領土である。」(第八五条)

「地方公共団体は、普通選挙によって選挙された議会を通じて自由に自治行政をする。議会の決定の執行は、市町村長または議長が確保する。」(第八七条)

「組織法は、県および市町村の自由を拡張する。……」(第八九条)

また、ドイツの現行の「連邦共和国基本法」は、一九九三年現在その第二八条で、以下のように地方自治を保障している。

「ラント〔州〕における憲法秩序は、この基本法の意味に即した共和制的、民主的および社会的な法治国の諸原則に合致していなければならない。ラント、郡および市町村においては、国民は普通、直接、自由、平等および秘密の選挙に基づいて設けられる代表議会をもっていなければならない。郡および市町村の選挙の際には、ヨーロッパ共同体を構成する国家の国籍をもっている者も、ヨーロッパ共同体法の基準に従って、選挙権および被選挙権をもつ。市町村においては、市町村集会が選挙された団体に代ることができる。

市町村に対しては、法律の範囲内で、地域共同体のすべての事項を、自己の責任において規律する権利が保障されなければならない。市町村組合も、その法律上の任務の範囲内で、法律の基準に従い、自治行政権をもつ。

連邦は、ラントの憲法的秩序が基本権ならびに第一項および第二項の規定に適合することを保障する。」

これらの現代市民憲法は、地方公共団体の存在を認めているだけでなく、住民自治や団体自治も一応は認めている。地方公共団体優先の事務配分の原則やその原則にみあった自主財源配分の原則などをなお明示してはいないが、近代市民憲法の場合のように、中央政府に従属する地方公共団体の具体的な在り方を法律に白紙委任しているわけでもない。このような地方自治の保障状況は、フランスやドイツの場合にかぎられるわけではなく、少なくとも先進資本主義国の現代市民憲法に一般的に認められるものといっても誤りではあるまい。

同じく現代市民憲法である日本国憲法はどうであろうか。一見すると、同様な状況にあるようにもみえる。しかし、あとで立ち入って検討するように、日本国憲法は、「充実した地方自治」の体制をとっていると解釈しうる余地をフランスやドイツの場合よりもさらに大きくもっているようにみえる。ここでは、日本国憲法がその第八章を「地方自治」にあてていること（地方公共団体について「自治」の章立てをしている現代憲法は、アメリカ合衆国とスイスの州憲法の場合を別として、日本国憲法がおそらくははじめてのものであったと思われるが、中央集権体制に決別しようとする姿勢が明示されている）、日本国憲法の国民主権が「人民主権」に相当するものであること、憲法第九五条が「充実した地方自治」の体制の核心部分を具体的に示していること、およびそれらをふまえてのことであろうが、「シャウプ勧告」や「神戸勧告」が日本国憲法下の問題として「充実した地方自治」の体制を求めていたこと、だけを指摘しておくにとどめたい。

(3) 現代市民憲法を超えて

すでにみておいたように、一九八五年のヨーロッパ地方自治憲章や同年および一九九三年の世界地方自治宣言は、現代市民憲法における地方自治の保障水準を超えて、「充実した地方自治」の体制を「現在」に不可欠なものとして提示しているようである。その延長線上に「世界地方自治憲章」の構想があることもすでにふれておいた。

このような国際社会の動向は、憲法における地方自治の保障にも影響し、近時の憲法を「充実した地方自治」体制の方向に誘導しつつある。たとえば、旧ソ連＝東欧型社会主義国においては、「ソ連＝東欧型社会主義」体制の崩壊後に、ヨーロッパ地方自治憲章や世界地方自治宣言等をガイドラインとして、地方自治の保障を強化し、国によってはその保障を憲法段階にまで高めている。ロシア連邦とポーランド共和国の場合を紹介しておこう。

(i)　一九九三年のロシア連邦基本法には、以下のような規定が設けられている。

①「第一章　憲法体制の原則」には、地方自治に関連して、以下のような規定が設けられている。条文は、竹森正孝氏の翻訳（地方自治研究機構編『体制移行諸国における地方制度に関する調査研究(II)』一九九八年・一一五頁以下）による。

「ロシア連邦における主権の担い手および権力の唯一の源泉は、その多民族からなる人民である。人民は、直接に、または国家権力機関および地方自治機関をとおしてその権力を行使する。人民の権力の最高の直接的表現は、国民投票（レファレンダム）および自由な選挙である。……」（第三条、傍点は引用者、以下においても同じ）

「ロシア連邦においては、地方自治を承認し、保障する。地方自治（体）は、その権限の範囲内において独立である。地方自治機関は、国家権力機関の体系にこれを含めない。」（第一二条）

第一章の「憲法体制の原則」のなかで、「人民主権」の原理が明示され、その主権原理の具体化に不可欠のものとして、その権能の範囲内で国家権力機関から独立の地位をもつ地方自治体が保障されている。

②「第八章　地方自治」には、以下のような規定が定められている。

「ロシア連邦における地方自治は、地方的意義を有する諸問題の住民による自主的な解決、自治体財産の占有、使用および処分を保障する。

地方自治は、住民投票（レファレンダム）、選挙、その他の直接的な意思表示の形態により、または選挙された地方自治機関若しくはその他の地方自治機関をとおして、市民がこれを実現する。」（第一三〇条）

「地方自治は、都市と農村の居住地およびその他の地域において、歴史的およびその他の地方的伝統を考慮して、これを実現する。地方自治機関の機構は、住民が自主的にこれを定める。

地方自治を実現する地域単位の境界の変更は、当該地域単位の住民の意見を考慮して、これを行なう。」（第一三一条）

「地方自治機関は、独立して、自治体財産を管理し、地方予算を編成し、承認し、これを執行し、地方税および手数料を定め、社会秩序を保護し、ならびに地方的意義を有するその他の問題を解決する。

地方自治機関は、法律によって、自治の実現のために必要な物資および資金の公布を受けて一

定の国家的権限を行使することができる。委譲された権限の実現は、国家の監督を受ける。」（第一三二条）

「ロシア連邦における地方自治は、国家権力機関の採択した決定の結果生じた追加的支出に対し裁判的保護と保障を求める権利、ならびにロシア憲法および連邦的法律の定める地方自治体の権利の制限の禁止によって、これを保障する。」（第一三三条）

これらの規定で保障されている地方自治は、現代市民憲法における地方自治の保障水準を超えている。そこでは地方的意義をもつ諸問題についての固有の自治権、団体自治、「人民主権」の原理をふまえた住民自治（住民による、住民のための政治）、自治のため機関の自己組織権、課税権・予算編成権を含む自主財政権などが保障され、「充実した地方自治」体制への姿勢が打ち出されている。そこには、「人民主権」の原理を欠き、中央集権体制にふけるなかで崩壊した旧体制への批判的な姿勢を読みとることもできる。*

しかし、新しい地方自治の保障にまったく問題がないわけではない。たとえば、そこでは、地方公共団体優先の事務配分の原則やその系として保障されるはずの「全権能性の原則」が明示されていない。「地方的意義を有する諸問題」がこれらの原則を含まないものとして、また「地方的意義を有する問題」が恣意的に狭く解釈運用される場合には、総則の第三条にもかかわらず、地方自治体の役割が第二義化されることもありえないわけではない。しかし、一九九六年の「ロシア連邦の地方的組織の一般原則について」と題する法律では、「地方的意義を有する諸問題」の確定は、自治体の定める自治憲章でおこなうものとされている。

＊ ソビエト体制の末期、ペレストロイカのなかで、ソ連は、「充実した地方自治」の体制を求めて動き出していた。一九九一年五月の憲法改正と同年七月の地方自治法は、そのことを示している。しかし、九一年の地方自治法は、ほとんど実施されなかった。ソビエト体制の崩壊後、ソ連はいくつかの国家に解体されたが、その大部分はロシア連邦として再生しようとした。一九九三年一二月にロシア連邦憲法が制定され、そこで「充実した地方自治」の体制に関する諸原則が明示された。これを受けて、一九九五年八月、その諸原則を具体化する法律「ロシア連邦の地方自治の組織の一般原則について」（九六年四月、九六年一一月に改正）が制定された。地方自治に関する憲法上の諸原則が具体化され、「充実した地方自治」体制の様相が一段と明確化されたが、ここでは特に注目に値すると思われる「自治体憲章」制度の要点だけを竹森正孝氏に従って紹介しておきたい。

「自治体は、独自の憲章を定め、自治体の区域の変更および構成、自治体の管轄に属する地方的意義を有する問題の確定、その解決への住民の直接参加の形態、手続および保障、地方自治機関の構造および編成手続、地方自治の代議機関の代議員およびその他の選挙制の地方自治機関および地方公務員の任期、地方自治機関の法令の採択手続、地方自治機関および地方公務員の責任、選挙制の地方自治機関および公務員の住民による解職の手続、議員、他の選挙制の地方自治機関の構成員および地方公務員の地位および資格の停止などを定める。これは、自治体において、地方自治体の代表機関または住民が直接にこれを制定するものとされている。なお、これは国家登録を必要とする」（竹森正孝「ロシアにおける地方制度と地方自治」地方自治研究機構『体制移行諸国における地方自治制度に関する調査研究』一九九七年・六四頁）。アメリカ合衆国の自治憲章の制度を導入することが意図されているようである。

憲法と法律で「充実した地方自治」の基本原則・一般原則が定められ、それらの枠内で自治体の憲法（憲章）が自治体によって定められ、充実した地方自治が具体化されるという構造は注目に値する。ロシアの地方自治制度の運用の現実がどうあるにせよ、制度自体の目指すものは相当に明確である。

(ii)　一九九七年のポーランド共和国憲法は、地方自治に関連して、以下のような規定を設けている。条文は、小森田秋夫氏の翻訳（阿部照哉・畑博行編『世界の憲法集』第二版・一九九八年・四一〇頁以下）による。

①総則的な定めをする第一章では、以下のような規定を設けている。

「ポーランド共和国における最高権力は、国民に属する。
国民は、自己の代表者をつうじて、または直接に権力を行使する。」（第四条）

「ポーランド共和国の領域的体制は、公的権力の分権化を保障する。
社会的、経済的または文化的結びつきを考慮し、公的事務を遂行する能力を領域的単位に保障

するような国家の基礎的領域区分は、法律がこれを定める。」（第一五条）
「基礎的領域区分の単位の住民総体は、法に基づいて自治共同体を構成する。
地方自治体は、公的権力の行使に参加する。自治体は、法律の範囲内においてそれに属する公的事務の本質的部分を、自己の名により、かつ自己の責任において遂行する。」（第一六条）
第一章では、やや問題はあるが「人民主権」を宣言し（第四条二項参照）、権力分立論的な観点から地方分権を正当化しかつ住民自治と団体自治を認める。
② 「第七章　地方自治」では、「充実した地方自治」を求めて一〇か条の規定を設けている。
「地方自治は、憲法または法律によってその他の公的権力の機関に対して留保されていない公的事務を遂行する。」（第一六三条）
「地方自治の基礎単位は、グミナである。
…（中略）…
グミナは、地方自治のその他の単位に対して留保されていない地方自治のあらゆる事務を遂行する。」（第一六四条）
「地方自治の単位は、法人格をもつ。それらは、所有権およびその他の財産権を享有する。
地方自治の単位の自主性は、裁判上の保護を受ける。」（第一六五条）

「自治共同体の必要の充足に資する公的事務は、地方自治体の単位によって固有事務として遂行される。

根拠のある国家の必要が存在するとき、法律はその他の公的事務の遂行を地方自治の単位に委任することができる。……（後略）……

地方自治機関と政府行政機関との間の権限紛争は、行政裁判所がこれを解決する。」（第一六六条）

「地方自治の単位には、それに振り当てられた事務に応じて公的収入における取り分が保障される。

地方自治の単位の収入となるものは、その固有の収入ならびに国家予算からの一般交付金および目的補助金である。

……（中略）……

地方自治の単位の事務および権能の範囲の変更は、公的収入の割り当てにおけるしかるべき変更をともなって行われる。」（第一六七条）

「地方自治の単位は、法律において定められた範囲内において、地方税および地方納付金の額を定める権利をもつ。」（第一六八条）

「地方自治の単位は、決定機関および執行機関を通じて自己の事務を遂行する。

決定機関の選挙は、普通、平等、直接選挙であり、秘密投票で行われる。……（後略）……

地方自治の単位の執行機関の選挙および解任の原則および手続は、法律がこれを定める。

地方自治の単位の内部構造は、法律の枠内においてその決定機関がこれを定める」（第一六九条）

「自治共同体の構成員は、直接選挙にもとづく地方自治機関の解任を含め、その共同体にかかわる事項についてレフェレンダムにより決定することができる。地方レフェレンダムの実施の原則および手続は、法律がこれを定める。」（第一七〇条）

「地方自治の単位は、結社の権利をもつ。

地方自治の単位は、地方的および地域的社会の国際的結社に加わり、外国の地方的および地域的社会と協力する権利をもつ。

……（後略）……」（第一七二条）

憲法の規定のみでは十分には理解できない部分もあるが、「第七章　地方自治」では、「全権能性の原則」・地方公共団体優先の事務配分の原則、（地方自治の基礎単位である）グミナ最優先の事務配分の原則、団体自治・自治体権能の裁判による保障、自治体の必要の充足に資する事務につき固有事務としての保障、事務配分にみあった財源の保障、自主課税権、選挙・解任・レフェレンダム等の方法による住民自治の保障、自治体の国内的・国際的連合権などが保障されている。「充実した地方自治」の体制が意図されていることは、間違いないようである。

(iii)　このような「充実した地方自治」体制の憲法的保障は、ロシアとポーランドにかぎられるわけではない。旧ソ連＝東欧型社会主義国には一般的にみられることのようである。スロヴァキアの一九九二年憲法は、「人民主権」を宣言したうえで、統治機構の冒頭に「第四章　地方自治」をおいている（「第五章　立法権」「第六章　行政権」「第七章　司法権」となっている）。東欧・中欧諸国の近時の憲法における事例は象徴的であるが、それらは地方自治の保障において現代市民憲法の保障の水準を超えている。このような動向の延長線上に、国連による「世界地方自治憲章」の制定が展望されている。二一世紀の憲法が「充実した地方自治」の保障に向うこと、「中央集権」の国家体制が「充実した地方自治」の国家体制に転換しようとしていること、各国憲法がその歴史的転換を「地方自治」または「地方政府」の章を立てることによっておこなおうとしていることは、間違いないようである。

地方自治の問題は、近現代の市民憲法においては、原則として、マイナーな問題とされてきた。「充実した地方自治」の体制なしには政治的にも経済的にも文化的にもうまくいかないとする思想と運動およびその批判の正当性を確認する中央集権体制の破綻が、現在における転換の基礎にある。中央集権の体制か「充実した地方自治」の体制かの問題は、国民生活に直結する歴史的な選択の問題として、現在、本格的な決着のときを迎えようとしている。

第5章　日本国憲法の地方自治

　近現代における人類の憲法史的な歩みは、統治機構の面では、中央集権の体制を基調としつつも、徐々にではあれ確実に地方自治を強化する方向に向っていた。第二次世界大戦後におけるその歩みは、「現在」が「充実した地方自治」体制への転換期にあたっていることをほぼ確実に展望できる地点にまで至っていることを示している。

　それでは、日本国憲法と日本の憲法政治は、このような世界史的な動向をどのようにふまえているか、またそれにどのように対応しようとしているのであろうか。日本国憲法は「充実した地方自治」の体制を肯定しているか、日本国憲法下の憲法政治はどうか、である。

一　「地方自治の本旨」

1　はじめに

(1)　要石としての「地方自治の本旨」

日本国憲法は、「人民主権」と解される国民主権を宣言しかつその具体化の一環としてその第八章を「地方自治」にあてている。憲法自体が、近現代の市民憲法には原則として存在しなかった「地方自治」の章を新設することによって、それが日本の民主主義（国民主権）に不可欠のものであることを明示し、かつ、第九二条から第九五条にわたってまたその他の条項で、地方自治の在り方につき、注目に値する原則的および具体的な保障をしている。地方公共団体の在り方につき何ら規定を設けていなかった天皇主権の明治憲法と大きく異なっているだけでなく、西欧諸国の現代市民憲法と較べても「充実した地方自治」体制へのとくに大きな可能性を秘めているようにみえる。また、日本国憲法下で実行可能なものとして、「充実した地方自治」の体制を求める「シャウプ勧告」や「神戸勧告」が出されていたことも無視するわけにはいかない。

第八章の冒頭に、「地方公共団体の組織及び運営に関する事項は、地方自治の本旨に基いて、法律でこれを定める」とする第九二条がおかれている。地方公共団体の組織と運営に関する事項は法律で定めるが、法律は、それらの事項を任意に定めることができるわけではなく、「地方自治の本旨」に基づいて定めなければならないとされている。「地方自治の本旨」に基づかない法律は、憲法違反ということになる。「地方自治の本旨」が、地方公共団体の組織・運営を定めるうえで、「要石」「大本」としての地位を与えられている。

「地方自治の本旨」とは、地方自治の本来の趣旨、本来の在り方、その理念ということであるが、憲法はその具体的な意味内容を全面的には明示していない。その具体的な意味内容は、どのような在り方の地方制度をその「本来の在り方」「理念型」として念頭におくかによって、まったく異なったものとなりうる。たとえば中央集権体制をとる外見的立憲主義型市民憲法の地方制度を念頭におけば、憲法制定時の第九〇帝国議会における内務大臣の答弁のように、第九二条には「自治をどうしても認めなければならぬ、また大いに推進しなければならぬと云うような意味はない」ということにもなりかねない。また、近代立憲主義型市民憲法も、アメリカ合衆国の場合を別として、中央集権体制をとってきたので、その地方制度の在り方を念頭におく場合にも、地方自治の強化を求めるような原則を「地方自治の本旨」から引き出すことは困難になるはずである。その運用の実体まで念頭においても、引き出せるのはせいぜい若干の「自治行政」までである。

すでにみておいたように、憲法における地方自治の在り方が歴史的社会的にまたその憲法の諸原理と相対的であるところからすれば、特定の国の特定の歴史段階の憲法の定める地方自治、それも日本国憲法と原理を異にする憲法の地方自治の在り方を、日本国憲法の「地方自治の本旨」の意味を解明するための前提とすることは許されない。日本国憲法が近現代における人類の歴史的な努力をふまえているところからすれば（前文第一段、第九七条など参照）、地方自治を発展させようとしてきた近現代における人類の歴史的な努力とその原理を念頭におきつつ、日本国憲法の諸原理や関連諸規定をふまえて、その意味内容を明らかにするほかはないはずである。**2**で具体的な意味内容を検討するが、その前に代表的な地方自治の類型論ともいいうる地方自治の基礎理論をみておこう。

(2) 地方自治論の代表的な類型

「地方自治の本旨」の解明においては、どのような在り方の地方自治を想定するかが問題となる。この問題とかかわって、これまでの学説では、地方自治の三つの類型論ともいうべきものが紹介されがちであった。「固有権説」「伝来説」「制度的保障説」である。

(i) 固有権説は、地方自治権を地方公共団体に固有のものとする考え方である。その一つは、地方自治権＝自然権ともいうべきもので、地方公共団体を固有の人権（自然権）をもつ個人になぞらえるものである。もう一つは、「歴史的実体説」ともいうべきもので、地方公共団体が国家に先行して存在しかつ地方公共団体がその自治権の維持・擁護を含めてその利益のために国家を形成したとするものである。いずれも、地方公共団体は固有の自治権をもち、それ故に国家（中央政府）権力には限界があるとする。この固有権説によれば、地方公共団体の権能・組織・運営については、法律でも規定できない事項が存在することになる。

(ii) 伝来説（承認説）としては、日本では一九世紀後半以降のドイツ公法学者の提唱するものがよく知られている。たとえば、地方公共団体がどのような歴史的な由来や実体をもつにせよ、近代において統治権を単一・不可分のものとして所有する国家が成立し、地方公共団体がそのうちにとり込まれた後においては、地方公共団体を固有の自治権の所有者としては説明できず、その担当する統治権は国家から伝来したもの（具体的には国の意思決定機関の定める法律によって認められたもの）と説明するほかないとする。かりに地方公共団体に「固有事務」という名称の事務が認められていても、それは国家の法律によって認められたものであり、法律の定める国家の指揮監督に服する、とするものである。「国民主権」（「国民」が統治権を単一・不可分のものとして所有するとする）をとる近代以降のフランスにおいても、「国民代表」のみが政治の基準を定めるとする「国民代表」制によって、地方公共団体に固有の統治権が否定され、ドイツの伝来説と同様の考え方がとられている。この点については、すでにみておいた。

(iii)　制度的保障説は、広義の伝来説に属するものであるが、自治の保障に力点をおいて中央政府と地方公共団体の関係を定めようとする、ワイマール憲法およびボン基本法下におけるドイツ公法学の通説的見解である。地方自治が憲法で認められている場合、憲法は、とくに歴史的伝統的に形成されてきた地方自治制度を確認して保障しているとすることにより、その本質内容を法律等による侵害から擁護しようとするものである。その特色は、憲法による地方自治の保障が、①地方公共団体の存立や現状を保障するものではなく、法律でそれらを修正することはできる、②しかし、地方公共団体や地方事務の在り方を法律で任意に定めることまで認めるものではなく、歴史的伝統的に形成されてきた自治制度の本質内容まで法律で改廃することは認めていない、とすることにある。

ワイマール憲法下、ボン基本法下の場合と同様、日本国憲法においても、(iii)の制度的保障説がこれまで支配的な地位を占めてきた。この学説によると「団体自治」と「住民自治」は、少なくとも「団体自治」は、憲法によって保障されており、「地方自治の本旨」の内容となると解されてきた（制度的保障説については、日本の学界においては、成田頼明「地方自治の保障」『日本国憲法体系第五巻』一九六四年・一三五頁が指導的役割を果たしてきた）。

これら学説には、以下のような問題がある。
①固有権説については、その内容の不明確性が問題となる。固有権説の場合、固有の自治権の具体的内容が明確でなく、また単一国家における地方自治の問題として、中央政府と地方公共団体の権能の調整がどのような原理と方法でおこなわれるかも明らかにされていない。
②それぞれの学説を正当化する憲法原理・憲法的論理の不明確性も問題となる。たとえば固有権説について、いかなる憲法的な原理・論理によって地方公共団体が自然権としての統治権を所有しているのか明らかにされていない。とりわけ、国家統治権の単一・不可分性という近現代の市民憲法の共通の公理に、この学説は対抗できる合理的な説明を用意していない。また、歴史的由来・実体をいかに強調しても、特定の憲法のもとでは、それが当該憲法によって承認されていることを論証しなければ、説得力をもてないし、またとくに伝来説からの批判に効果的に対抗できない。固有権説は、フランスにおいても、ドイツにおいても、近代の初頭に一旦は展開されたが、統治権の単

一・不可分性の公理によって批判され、力を失っている。この点については、すでにみておいた。

③伝来説的見解にも問題がある。統治権が単一・不可分のものとして国家の所有物とされていても、そのことから統治権が国内においてどのように行使されるかは決まらず、とりわけ中央政府が地方公共団体に権限を授けかつその行使を指揮監督するほどに優越するということには当然にはならないからである。国家の統治権がどのように行使されるかは、立憲主義のもとにおいては、憲法原理とそれに規定される憲法条項の定めるところによるから、中央政府が地方公共団体に優越しうるのは、憲法の認めている限度においてのこと、とりわけ憲法が地方公共団体について規定を設けずまたはその在り方を法律に委任している限度においてのことである。憲法で地方公共団体と地方自治が認められている場合、その地位・権能等が憲法で保障されている点では、地方公共団体も中央政府の場合と異なっているわけではない。日本のように、憲法で地方自治が独立の章をもって保障されている場合には、憲法自体が明示の例外規定を設けていないかぎり、地方公共団体にその地方的事務について自治権が認められていると解するのが自然である。

また、中央政府と統治権の所有者としての国家とが同一物でないことにも留意すべきであろう。フランス的または本来的な主権原理の理解のもとでは主権者即国家であるから、君主主権下では、憲法が地方公共団体の在り方について特別の保障規定を設けていなければ、伝来説的見解が当然となる。国家と主権者・君主を区別しても、君主が元首として統治権を総攬している場合には、国家は君主とその政府のうちに事実上解消され、憲法が地方公共団体の在り方につき特別の保障規定を定めていなければ、伝来説的見解が成り立ちがちとなる。また、フランス的な「国民主権」・「国民代表」制下でも、同様になる。しかし、日本国憲法下では、あとでみるようにそのよう、そのように解する余地はない。

④制度的保障説には、別の難点もある。それは、地方自治制度の歴史的伝統を重視して、法律によっても侵すことのできない地方自治の本質内容を確定しようとする。しかし、地方自治制度の歴史的伝統とそれを支える憲法原理の多様性と相対性——たとえば天皇主権の明治憲法下においては団体自治・住民自治のいずれについてもみるべき伝統はなかったし、「国民主権」・「国民代表」制のフランスにおいても、「人民主権」原理をもつアメリカ合衆国の場合と比較すると、地方自治の伝統ははるかに弱かった——を考慮するならば、地方自治制度の歴史的伝統によって一義的な地方自治の本質内容を決定することが至難なことは否定できない。特定の憲法がとるべき歴史的伝統を明示していない場合には、その「本質内容」や「核心」を確定しようがない。日本国憲法の場合、それに先行する歴史的伝統から、「団体自治」や「住民自治」が導かれるかどうかも疑わしい。たとえば、成田氏は、上掲の論文において、「住民自治」は立法府に対する指針にとどまりそれを拘束するものではない（Leitbild にすぎない）が、「団体自治」は立法府を拘束する規範（Norm）であるとしている。それに地方自治制度の歴史的伝統から現行憲法の本質内容を決定しようとする方法は、ときには反憲法的、反歴史的な結果をもたらしかねない。憲法原理自体が転換している場合には、その方法は、旧憲法原理に適合的な過去の制度の本質内容を現憲法の内容とすることによって、

現憲法の保障内容を旧憲法に適合的なものとしかねないからである。「地方自治の本旨」は、憲法の原理およびそれに規定される関連条項をふまえ、かつその憲法原理に適合的な地方自治についての人類の歴史的な努力を参照して決めるほかはない。

2　「地方自治の本旨」の具体的な内容

次の諸点が、「地方自治の本旨」の具体的な内容なるものと解される。

(1)　人権保障の目的性

日本国憲法のとくに第一一条、第一三条、第九七条から明らかなように、地方公共団体の政治も、中央政府の政治と同じく、人権保障のためのものであり、人権の最大限の尊重を義務づけられていると解される。これらの規定が地方公共団体の政治を対象外としているとは、とうてい解されないし、現に異論なくそのように解釈されている。「地方自治の本旨」も、当然にその意味を含んでいると解すべきであろう。そうだとすれば、地方公共団体は、住民の人権を保障するうえで必要がある場合には、原則として、すべての事項につき、自主的に、法律による授権の有無にかかわらず、活動することができるはずである。もちろん、地方公共団体の活動が、憲法の定める人権についての実体的および手続的制限に服すること（たとえば、第一三条の定める人権の最大限の尊重と必要最小限の規制や第三一条の定める適正な手続や実体の保障、さらには第二二条一項と第二九条二項の「社会国家的公共の福祉」による制限など)、およびあとで検討するように中央政府や他の地方公共団体の排他的な権能とされている事項が例外となることはいうまでもない(この場合にも、法律による事務配分の在り方が憲法の求めているようにおこなわれているかどうかまた中央政府または他の地方公共団体に排他的権限として配分されているかどうかの吟味はなお問題となる)。

日本に住んでいる人は、すべて地方公共団体で生活している。この点からすれば、地方公共団体における人権の保障が、そこにおける人間らしい生活の確保とそのために必要不可欠な産業・文化の維持発展を条件または狙いとしていることは、間違いあるまい。その意味で、地方公共団体における人権の保障は、そこにおける生活・産業・文化の維持発展を求めるということもできるであろう。このことは、次の(2)からも求められるはずである。

(2) 住民自治と団体自治

(i) はじめに——国民主権と地方自治

国民主権の原理も、「地方自治の本旨」の意味内容に直接関係する。国民主権は、日本国憲法下のすべての公権力の組織と運営の在り方を規律する原理であるから、地方公共団体の組織と運営の在り方も当然にそれによって規律される。「地方自治の本旨」は、一般に住民自治と団体自治を含むと説明されるが、国民主権を前提としないことには、その説明の正当性やそれらの意味内容を明らかにすることも困難となる。

われわれは、すでに、近代の初頭以来いずれも国民主権と翻訳できる二つの主権原理――「国民主権」（Nation 主権）と「人民主権」（People 主権、英米では People 主権）――がありかつそのそれぞれが異なる政治の在り方を求める異質の原理であることをみておいた。そして、「人民による、人民のための政治」を徹底して求め、それ故に「充実した地方自治」の体制を求めるものが「人民主権」の原理であり、「国民主権」の原理は「人民による、人民のための政治」を積極的に求めるものでもまた「充実した地方自治」の体制を求めるものでもないこと、もみておいた。日本国憲法の国民主権は、そのどちらに相当すると解すべきであろうか。私は、以下の諸点からみて、日本国憲法の国民主権は、「国民主権」ではなく、「人民主権」に相当すると解するのが正しいとこれまでいい続けてきた。

第一に、憲法上、普通選挙制度（第一五条三項、第四四条但し書）、憲法改正とその他の重要事項についての直接民主制（第七九条二項～四項、第九五条、第九六条一項）など、「人民主権」になじむ諸制度が採用されていることである。とくに、「公務員を選定し、及びこれを罷免することは、国民固有の権利である」とする第一五条一項は、「人民主権」の政治には不可欠のものであるが、「国民主権」の政治に不可欠のものではない。この規定は、他の現代市民憲法にはほとんど例をみないものである。また、日本国憲法は、他の多くの現代市民憲法の場合と異なって、国民代表に有権者・人民からの独立を保障する「命令的委任の禁止」（自由委任）の規定を欠いている。この欠落は、第一五条一項の「選定・罷免権」の保障に対応するものと解される。また、日本国憲法の英訳が、主権者・国民を"people"と表現していることも参考になる。*

第二に、国民の憲法意識も、「人民主権」を当然のこととしていることである。現在では、一般の市民であれ、政治家であれ、日本国憲法の国民主権をリンカーンにならって「人民の、人民による、人民のための政治」を求める原理と解し、「選挙人団に結集した人民こそ主権者である」ということを真正面から否定する者はいない。衆議院の解散制度は主権者たる国民(＝人民)の判断を求めるためのものと説明され、衆議院議員の総選挙や参議院議員の通常選挙が終われば、異口同音に「主権者の判断が下された」という。

このような状況のもとでは、「人民による、人民のための政治」の強化のためにも、日本国憲法の国民主権を「人民主権」にならって解釈することが必要であるしまた自然でもある。近現代における人類の歴史的な歩みが例外なしに「人民主権」の方向への歩みであったことおよび日本国憲法制定にとくに大きな影響を及ぼしたアメリカ合衆国が建国以来「人民主権」を原理としていることを考慮するならば、なおさらのことであろう。

たしかに、日本では、一九世紀後半以降のドイツ立憲君主制の法学的国家論である「国家法人説」の影響が今なお強く、日本国憲法の国民主権原理を「人民主権」と解しても、それが政治の在り方を全面的に規律する憲法原理とされにくい状況がある。憲法の教科書でも、(法人たる)国家が統治権(国家権力)の所有者で、主権者たる国民(人民)は、その所有者ではなく、国家意思の最終または最高の決定権(権利ではなく権限)を担当しているにすぎない、と明示的または黙示的に説明されがちである。その理解によれば、国民（人民）は統治権の所有者ではないから、「人民による、人民のための政治」は、少なくとも法論理的には当然にはならない。国民（人民）は、立法権・行政権・司法権のような統治の権限の淵源にも、その行使の際のよるべき意思にもまた目的にもなりえない、ことになる。

しかし、一九世紀後半のドイツ立憲君主制のためにつくり出された国家法人説を国民主権の日本国憲法下でとらなければならない合理的な理由はない。それは、日本国憲法下では、「人民による、人民のための政治」を弱める反歴史的・反民主的な役割を果たすだけのことである。「国家法人説」の法的および歴史的な意義を忘れて、それを超歴史的・超社会・超憲法的に妥当する普遍的な国家の法概念であるかのように誤解してはならない**。

「国家法人説」をとらずに、主権原理の本来の用法からすれば、「人民主権」は「人民による、人民のための政治」を徹底して求める。人民は、統治権の所有者として、立法権・行政権・司法権などのすべての権限の淵源となり（憲法を通じて、諸権限をどこにそしてどのような条件で担当させるかを定め）、すべての権限について人民の意思をふまえて、人民の利益のために行使することを求める。「朕は、国家である」の朕の地位に人民をおきかえてみれば、容易に分かることである。それ故にまた、そのもとでは、地方自治が重視され、住民自治と団体自治が一定の内容をもって要求されることになる。地方公共団体こそ、「人民による、人民のための政治」をおこないうる条件を豊かにもっているからである。地方公共団体は、憲法上自治団体として中央政府からの自立性を認められ、その内部で「住民による、住民のための政治」を徹底して実行することを求められることになる。

＊　日本国憲法の国民主権が、その制定過程からみて、総司令部案等の「People の主権」「People の意思の主権」から大きな影響を受けていることは間違いない。この People を「人民」と表現するか「国民」と表現するかが、総司令部内でまた総司令部と日本政府の間で問題となった。日本語の「国民」が「人民」以外の意味をもちうることを念頭においてのことである。憲法上では、「国民」の文言が使用されたが、その英訳では“People”が用いられている。この点については、T・A・ビッソン『日本占領回想記』（中村政則・三浦陽一共訳・一九八三年・二四七頁以下）を参照。

＊＊　ドイツの国家法人説は、主権者・君主を絶対君主類似の存在としないためにつくり出された法学的国家論であった。主権（souveraineté）という言葉は、J・ボダン（J. Bodin, 1530-96）により、その概念とともに創出された。それは、国家の統治権とそれに固有の属性（対内的には最高性、対外的には独立性）を意味するものとして用いられた。それは、対外的には主権国家フランスの神聖ローマ帝国とローマ・カトリック教会からの独立を正当化し、体内的にはそのような主権をもつ国王の封建領主に対する優越性を確保するための切札であった。また、君主主権とは、君主がそのような統治権の所有者として、君主即国家であることを意味していた。ルイ一四世は、その旨を端的に「朕は、国家である」（L'Etat, c'est moi）と表明していた。少なくとも、国内法的には、主権者・君主と別に国家が存在しているわけではなかった。フランス革命は、政治の面においては、君主によるそのよう

な統治権の所有を否定して、他の所有者に統治権を移転するための変革であった。

ドイツにおける近代化は、フランスのように革命の形態をとらず、「上からの近代化」「反動による改革」として示されるように、旧支配階級のイニシアチブによる近代化であった。それ故に、ドイツ近代においては、人権の観念が認められなかっただけでなく、君主主権の原理も温存された。近代化は、社会的には資本主義化を意味し、自律的個人、私的自治、法生活の予測可能性と安定性やそれと密接に関連する一定の自由の保障を不可欠とする。近代化は、絶対君主制的な君主主権体制とは両立できない。とくに西ヨーロッパにおいては、そうであった。そこで、一九世紀後半以降のドイツ国法学は、君主即国家、人民即国家というようなフランス的国家論を排除して、法人としての国家こそが統治権の所有者であり、主権者（君主）は法人たる国家の最高機関として、「国家意思の最終または最高の決定権」という機関権限をもつにすぎないとした。そのような国家法人説は、君主主権のもとにおいては、「朕は、国家である」とする絶対君主制を排除するものとして一定の積極的意味をもつものであった（美濃部達吉等の「天皇機関説」もそのような機能を果たすものであった）。しかし、それは、国民主権（「人民主権」）のもとにおいては、「人民」による統治権の所有を否定し、「人民による、人民のための政治」を弱めることとなり、反歴史的・反民主的な役割を果たすだけのこととなる。

(ii)　住民自治

地方公共団体においても、国民主権（「人民主権」）の原則は貫かれなければならない。その原理のもとにおける住民自治として、以下の諸点が求められることになるはずである。

①住民の意思による、住民のための政治である。憲法は、そのために、地方公共団体にも住民の直接普通選挙による議会を設け、その議会が議事機関（意思機関）として地方公共団体の政治の基準となる条例等を定めることにしている（第一五条三項、第九三条一項、第九四条）。この議会は、「人民」（住民）が政治の基準を決定するという「人民主権」の要求を満たすものでなければならないから、「直接民主制の代替物」となるよう、以下のような条件を備えていなければならないはずである。

ⓐ議会の構成は、写真が遠景を縮図として写し出すように、住民の意思の分布状態を正確に反映するものでなければならない。このような代表制の在り方を「社会学的代表制」というが、比例代表制はその典型である。住民の意思や利益が、一枚岩的ではなく、複数の対立軸をもって多様に分かれている場合には、この保障を欠くと、議会を通じて民意が表明されることは保障されない。この点についてはあとで立ち入って検討する。

ⓑその条例等は、実在する住民の意思・利益を確認表明するものでなければならない。そのために、一方で条例等につき直接請求の制度を整備することが求められ、他方で議会による条例の制定等が住民による決定としての実体をもつことができるよう制度を工夫すること（たとえば、重要問題は、予め選挙の際にその内容の要点を公約として住民に提示し承認をえておくべきであり、その提示をしておかなかった場合には議会を解散して住民の判断を求めることである）が求められる。議会が重要

問題の処理につき、人民（住民）の事前の判断をふまえたうえで、政治の基準を確認的に決定する議会制の在り方を「半代表制」という。「半代表制」においては、政治の基準の原則部分は人民（住民）が決定する。しかし、その原則部分を具体化するのは議会であるから、議会になお大きな役割が残ることも確かである。

ⓒ住民が議員を罷免できることである（第一五条一項）。住民の利益に反して違法・不当にわたって行動しまたは住民の利益のために積極的に行動しようとしない議員をその地位にとどめておかなければならない理由は、「人民主権」のもとではない。この罷免制度が政治責任制度の制度であることは、あらためて説明するまでもない。

②議会を媒介することなく、住民が直接に地方公共団体の方針を決定する直接民主制（住民投票、住民発案、住民拒否、住民総会など）も認められる。この点は、あとでやや立ち入って検討するが、地方公共団体の場合は、中央政府の場合と異なって、住民による条例の制定等を禁止する明示的な規定は、憲法にはない。「人民主権」原理のもとにおいては、人民（住民）による立法が建前であるから、憲法上明示的な禁止規定がある場合を別として、人民（住民）がその自治事務について処理の基準をみずから決定できるのは当然のことである。もちろん、その手続を予め条例で整備しておかなければならないことも当然のことである。

中央政府の場合、憲法の第四一条で国会は「国の唯一の立法機関」とされ、第五九条一項で「法律案は、この憲法に特別の定のある場合を除いては、両議院で可決したとき法律となる」として、両議院の可決によらない法律の制定を「憲法に特別の定のある場合」に限定している。そして、憲法の設けている「特別の定」のなかには、第九五条の「地方特別法」の場合を別として、国民投票やその他の直接民主制による法律の制定は含まれていない。法律の制定は、国民主権（「人民主権」）にもかかわらず、基本的には国会に独占されている。*

しかし、地方公共団体においては、憲法の第四一条や第五九条一項に類するような規定は一切存在しない。それどころか、その第九五条は、「一の地方公共団体のみに適用される特別法は、法律の定めるところにより、その地方公共団体の住民の投票においてその過半数の同意を得なければ、国会は、これを制定することができない」として、「地方特別法」につき「住民投票」を要求している。憲法は、地方公共団体においては、「住民」も立法機関としている。この住民の立法機関性は、同条の創設によるものではなく、当然のことの確認と解すべきである。「人民主権」のもとにおいては、「人民」（住民）による立法は、当然のことだからである。地方自治法の第九四条・第九五条は、町村について、議会を設けず「町村総会」をもってそれにかえることができるとしている。全面的な直接民主制が、それを認める具体的明示的規定が憲法にないにもかかわらず、法律で導入されている。この制度の導入を違憲だとする学説はみあたらない状況にある。「人民主権」のもとにおける住民自治およびそれを確認する第九五条の住民投票制度からすれば、当然のことである。

* ナポレオン一世・同三世やヒットラー等による国民投票の悪用の経験、公正・効率的な国民投票の

困難性、国民の疲労、公約選挙・衆議院解散制度など他の制度による代替可能性などを考慮してのことであろうが、直接民主制による法律の制定の禁止がたとえば立法についての諮問的国民投票をも禁止するものでないことはいうまでもない。「人民による、人民のための政治」を求める国民主権のもとにおいては、国民の意思・利益をふまえて政治をするのは当然のことであるから、重要問題について国民の意見をきく国民投票は当然に許されるし、積極的に求められているというべきである。

③議会以外の機関も、当然のことながら、住民の意思に基づいて組織され、運営されなければならない。憲法は、そのことを確認して、「地方公共団体の長、……法律の定めるその他の吏員は、その地方公共団体の住民が、直接にこれを選挙する」（第九三条二項）としている。さらに憲法第一五条一項の罷免権の保障を具体化することも、必要となる。

④「住民による、住民のための政治」を確保するために、地方公共団体の政治に関する情報を公開することも求められる。必要な情報がなければ、「住民による、住民のための政治」は的確におこなわれがたくなり、ときには住民自治が形式だけのものとなる。

いずれにしても、日本国憲法の求める住民自治は、「人民主権」下の「住民自治」として、上記の①②③④を当然に求める。また、日本国憲法の第八章にはそれを否定するような規定は一切存在しない。

⑤住民自治とかかわってもう一つ問題がある。「住民」と「外国人」の関係の問題であり、外国

人が地方自治の担い手である「住民」のうちに含まれるかである。日本国憲法下においては、以下のように考えるほかはあるまいと思っている。

ⓐ日本国憲法の国民主権は、すでにみておいたように、「人民主権」にならって解されるべきもので、「人民」（成年者の総体）を統治権の所有者とし、「人民による、人民のための政治」を徹底して求めるものである。日本国憲法は、その統治権の所有者を国籍と結びついた国民と表現している。それを受けて、憲法第一五条一項は、国家公務員に限定することなく、公務員の選定・罷免権を「国民固有の権利」と規定している。主権者・国民だけがもっている、他に譲渡することのできない権利というのである。この権利の保障は、外国人には及ばないと解するほかはない。★

ⓑ地方公共団体における「住民自治」はその国民主権の地方公共団体における表現である。憲法第九三条二項の「住民」も、憲法第一五条一項の一環として「地方公共団体の長、その議会の議員および法律の定める吏員」の選挙をしているのであるから国籍の制約を受けていると解するのが自然である。国民主権の表明としての第一五条一項からすれば、外国人にその保障を及ぼすことが論理的に困難となることは否定できない。

ⓒしかし、なお問題が残る。第一五条一項の国民主権のしばりを貫徹しようとしているのであれば、第九三条二項や第九五条が、なぜ国籍を要件としない「住民」という表現を用いたのか、ということである。なぜ、国籍のしばりをかけた、たとえば「日本国民たる住民」の表現を用いなかったのか、ということである。特別のしばりがかけられていない場合、「住民」は「地方公共団体に

住所をもつ者」を意味すると解するのが通常である。

この点からすれば、憲法は、国民主権・「国民固有の権利」のしばりにもかかわらず、なお、地方公共団体については例外を認める可能性を残そうとしている、と解する余地があることも否定できない。国際交流の強化が不可欠となる時代がきていること、特別の歴史的事情によって日本に定住することを余儀なくされている定住外国人が少なくないこと、納税者の役割を果たしている定住外国人も同様であること、地方公共団体の公的事務が、中央政府の場合と異なって、住民の日常生活に密接なをもっているものが多いことなどからすれば、そのように解釈運用するほうが望ましいともいえる。そのように解釈運用することが歴史を逆転させるものでないことも、間違いあるまい。最高裁（最三判平成七・二・二八民集四九・二・六三九）も、「わが国に在留する外国人のうちでも永住者等であってその居住する区域の地方公共団体と特段に密接な関係をもつに至ったと認められるものについて、その意思を日常生活に密接な関連を有する地方公共団体の公共的事務の処理に反映させるべく、法律をもって地方公共団体の長、その議会の議員等の選挙権を付与する措置を講ずることは、憲法上禁止されているものではない」としている。

なお、この問題については、萩野芳夫『外国人の人権』一九九六年・二〇一頁以下、近藤敦『外国人参政権と国籍』一九九六年および長尾一紘『外国人の参政権』二〇〇〇年を参照されたい。

★　憲法第一五条一項の「国民固有の権利」の意味について、「国民であるかぎりは奪われることのない権利」ということであって、「外国人を排除し、国民だけに限る」ということまでは意味しないとする解釈がある。通常の人権の保障の問題であれば、そう解するのが妥当であろう。しかし、ここで問題となっているのは、国民の所有物である統治権（公務員の選定・罷免権はその一部である）の行使に誰が固有の権利をもっているかの問題である。憲法に特別の規定がないかぎり、所有権者たる国民に限定されると解するのが自然のことである。現にこの規定は国民主権の直接的表明と説明されるのが普通である。

(iii)　団体自治

「団体自治とは何か」、その保障内容が問題となる。地方公共団体が、独自の法人格をもち、憲法の規定を条件としてではあるが中央政府から独立して、その自治事務を処理できることを意味する。この点からすれば、地方公共団体は、中央政府とともに公的な事務を分担しかつそれを自主的に処理する団体ということになる。この点と関連しては、公的な事務をどのような原則に従って中央政府と地方公共団体に配分するかがとくに問題となる。この問題については、次の(3)で若干立ち入って検討する。

団体自治については、以下の諸点も問題となる。

その第一は、憲法を通じて地方公共団体に認められる地方自治権の法的性格が問題となる。地方公共団体は、憲法の定めるところに従って、権能を認められる。憲法が中央政府から独立してその行使を認めている場合には、地方自治権・自治事務が認められることになる。憲法が、地方自治権・自治事務を地方公共団体の利益のために行使することを認めている場合には、憲法によって権利としての地方自治権・自治事務が認められているということができる。権利は、自己の利益のために行使できない権限と異なって、自己の利益のために行使できる権能であることを特色とする。外国の憲法のなかには、このような地方自治権・自治事務を認めているものが少なくない。しかし、このような権利としての地方自治権・自治事務の承認は、「統治権の単一・不可分性」「国による統治権の固有」の原則と矛盾しない。それは、国（主権者）の名において制定された憲法によって、国（主権者）のために必要な例外として認められ、しかも憲法の定める実体的・手続的な制約に服し、かつ憲法改正によって撤回できるものだからである。

しかし、憲法が、地方公共団体にそのような自治権や自治事務を認める明示的または黙示的規定を設けていない場合には、法律だけでそれを認めることはできない。法律は、憲法の範囲内で権限としての権能を認めることとしかできない。憲法上すべての統治権は、国（主権者）の権利とされ、その行使の担当者も定められているからである。法律でその例外を憲法上の根拠なしに定めることはできない。

日本国憲法が権利としての地方自治権・自治事務を認めているかが問題となる。「(日本国)憲法の定める地方自治は、どこまでも、全国民のためのものでなくてはならない。地方自治の本旨という美しい名が地方エゴイズムを理由づけるために使われるようなことがあってはならない」とする有力な見解がある（宮沢俊義「地方自治の本旨」一九六四年）。日本国憲法が認めている「地方自治」・そのための権能は、地方公共団体の利益のために認められた権利ではなく、全国民のために認められた権限ということになりそうである。しかし、この見解には、以下のような問題が残る。

①憲法の定める地方自治（権）が、「どこまでも全国民のためのもの」であるならば憲法に「第八章　地方自治」と独立の章で地方自治を保障していることが合理的に説明しがたくなる。「どこまでも、全国民のためのもの」であるならば、「第八章　地方自治」は、無用の長物というよりは、本来設けてはならないものとなるはずである。全国民のための政治にとって阻害要因となるだけだからである。憲法で地方自治（権）を明示している場合には、それが「全国民の利益のため」のものであるとの指示を伴っていないかぎり、「地方公共団体」の利益のためのものと解するのが当然のことである。

②日本国憲法が、国民主権を原理とし、「人民による、人民のための政治」を求めていることである。国民（人民）は、言語・度量衡・幣制・教育制度など全国的に共通の生活（国民としての生活）もしているが、自然的・社会的・文化的条件を地域的に異にする生活（住民としての生活）もしている。「人民による、人民のための政治」を求める国民主権は、全国民の生活にかんする事務を中央政府の担当とし、各地域の生活にかんする事務を地方公共団体の自治事務とすることを求めることになる。「人民による、人民のための政治」をもっともおこないやすいのは区域の小さい地方公共団体だからである。憲法で「地方自治」の章を設け、権利としての地方自治権・自治事務を認めて

いるのは、「人民による、人民のための政治」を求める国民主権（「人民主権」）の国である。日本国憲法は、その国民主権を前文第一段で宣言し、とくに「第八章　地方自治」を設けたうえで、第四一条・第四三条および第九二条・第九四条・第九五条等により、中央政府の事務の範囲と地方公共団体のそれを一応確定し、後者の事務をその自治にゆだねている。とくに、憲法第四一条の立法の概念（一般的抽象的法規範の定立）・第四三条一項の「全国民の代表」の規定、第九四条における地方公共団体の事務の例示列記と第九五条における特定の地方公共団体のみに適用される法律の制定についての厳しい制限等は、そのことを示している。「団体が自己の事務として公の行政を処理する権利を有するのを称して団体が自治権を有すると謂ふのである」とする美濃部達吉の指摘（『新憲法の基本原理』一九四七年）は、「公の行政」としている点で問題を残しているが、地方自治権・自治事務の権利性を認めている点で注目に値する。憲法第九四条の英訳は地方公共団体の「権能」を the right と表現しているが、参考になる。

③自治事務については、地方公共団体は、中央政府の下級庁ではないから、その事務については立法権ももつ（憲法第九五条参照）。憲法第九四条は「法律の範囲内で条例を制定する」としているが、あとでふれるように、この規定は、法律が自治事務事項について実体的・手続的定めをすることまで意味するものではなく、★主として自治事務事項の具体的確定が法律でおこなわれることを意味すると解すべきであろう。そう解さないと、憲法第九五条との整合性も維持できなくなる。また、地方自治権・自治事務の権利性からすれば、それをめぐる中央政府および他の地方公共団体との間

の法的紛争は、裁判所による司法的解決が求められることになる。

その第二は、すでに若干ふれておいたが、自治組織権が団体自治の保障のうちに含まれていることである。自治事務について自治権が認められていても、地方公共団体の組織・運営が中央政府の法律で画一的に定められることになれば、諸条件を異にする各地域にふさわしい自治が大きく制約され、団体自治の保障の趣旨に反することにならざるをえないからである。憲法の第九二条は、地方公共団体の組織・運営を「法律」や「法律の範囲内」で定めるとしているが、その法律は、「地方自治の本旨」に従うことを条件とされているから、自治組織権を侵さない大綱的基準を定めうるにすぎないはずである。

団体自治についてのこのような内容は、「充実した地方自治」の体制を認める近時の憲法や国際法で一般的に認められる傾向にあるが、日本国憲法においてそれを認められないとする積極的な理由はどこにもない。

★ 憲法第九四条の「法律の範囲内で条例を制定する」ことについては、一時期、伝来説的な観点に立って、地方公共団体に自治立法権があることを認めつつも、「条例制定の手続は、法律で定められる」こと、「条例の所管事項も、法律で制約される」こと、「条例の形式的効力は、法律のそれより弱い」ことを認めるものと解されていた。地方自治権を事実上中央政府の法律の包括的な支配のもとにおきかつ地方行政権としかねないものであった。しかし、七〇年代後半以降にあっては、徳島市公安条例事件判決（最大判昭和五〇・九・一〇刑集二九・八・四八九）などの影響もあって、①法律が全国一律に同一内容の規制を目指していると解される場合には、条例で⒜法律が規制の対象としていない事項を法律と同じ目的で規制したり、⒝法律が規制の対象としている事項を法律と同一目的でより厳しく規制したりすることはできないが、②法律が全国一律に同一内容の規制をしようとしていると解されない場合は、⒜も⒝も許される、と一般的に解されるに至っている。「上乗せ条例」（法律の定める規制基準より厳しい基準を定める条例）や「横だし条例」（法律が規制の対象としていない事項を規制の対象とする条例）などの条件つき承認である。

このような近時の動向は、従前の考え方との比較において歓迎すべきものではあるが、「地方自治の本旨」に含まれているはずの自治事務や事務配分の原則等が顧慮されていないところからみて、なお問題があると考える。

(3)　地方公共団体優先の事務配分の原則と全権能性の原則

公の事務の配分においては、地方公共団体優先の原則が求められる。公の事務は、中央政府か地方公共団体のいずれかによって処理されるが、その事務の配分にあたって、地方的性質・性格の事務を含めて、地方公共団体で効果的に処理できる事務は、すべて中央政府の事務とすることなく、地方公共団体に配分すべきだ、ということである。市町村と都道府県という地方公共団体の二段階制をふまえていうならば、市町村最優先・都道府県優先の原則である。この点は、日本国憲法の保障する地方自治の在り方にとくに大きくかかわることであるから、すでに述べておいたことをも含めて、若干立ち入っておきたい。

①憲法は、第四一条で国会を「国の唯一の立法機関」と定めまた第四三条一項で国会議員を全国民の代表と位置づけつつも、他方で第九五条で国会の立法権を制限している。第四一条の「立法」の概念は、憲法が例外を認めている場合を別として、一般的抽象的法規範の定立と解されている。国会の定める法律は、特定の国民や一部の国民を対象とするものであってはならず、全国民を対象とするものでなければならないということである。すべての国民を法的に平等の価値としている憲法においては当然のことであり、近代の初頭からこの立法の概念は明言されていた。日本国憲法下においても、そう解するのが通説である。この立法概念と第四三条一項の「全国民の代表」の規定からすれば、全国民的な事項と中央政府の存立にかんする事項こそが、国会を含む中央政府の本務ということになる。この点からすれば、また、全国民にかかわらない地方的事項（地域の生活・産業・文化のみにかかわる事項）は、本来地方公共団体の処理すべき事項ということになる。

たしかに、憲法が中央集権の体制をとり、すべての公的事項を中央政府の処理すべき事項としている場合には、法的には地方的事項は存在しないことになる。しかし、日本国憲法は、第八章で地方公共団体の存在を認め、その自治も認めている。地方的事項の存在を前提としないことには、理解しがたいことである。しかも、第八章の第九五条は、「一の地方公共団体のみに適用される特別法は、……その地方公共団体の住民の投票においてその過半数の同意を得なければ、国会は、これを制定することができない」として、国会の立法権を厳しく制限している。国会の本務が一般的抽象的法規範の定立であり、かつ地方的な事務が存在することを認めている憲法における、中央政府の立法権に内在する限界の確認である。地方的事項の処理の基準の定立が、本来地方公共団体の所管事項であることの確認である。この点と関連して、憲法制定当時、憲法問題担当の国務大臣であった金森徳次郎が、第九二条について、「地方自治の根本は、国家が完全に決定しうる理屈はないのであって、地方自治は、一面において地方自治体みずからが根源的に規定すべきものであり」としているのは、注目に値する（『憲法遺言』初版一九五九年、一九七三年復刊・二〇七頁）。

②右の①をふまえたうえで、さらに日本国憲法が、「人民による、人民のための政治」を徹底して求める国民主権を原理とし、かつその原理のゆえに地方自治を重視しているところからすれば（「人民による、人民のための政治」のための条件を最もよく具備しているのが市町村であり、その条件を充足しにくいのが中央政府である）、地方公共団体に対する事務配分の原則は、市町村最優先・都道府県優先の事務配分の原則となるはずである。「人民」に最も近い市町村で効果的に処理できる事務は市町村が最優先で担当し、市町村で効果的に処理できない事務は都道府県が補完的に担当し、中央政府は地方公共団体では効果的に処理できない全国民的な事務と中央政府の存立にかんする事務のみを担当するという事務配分の原則である。

一九四九年九月の「シャウプ勧告」（第一次）や翌年一二月に国会と内閣に提出された「神戸勧告」（第一次）は、この原則を明確に打ち出していた。「シャウプ勧告」は、すでに紹介しておいたように、「地方自治のために、それぞれの事務は適当な最低段階の政府に与えられるであろう。市町村の適当に遂行できる事務は、都道府県または中央政府に与えられないという意味で、市町村に第一の優先権が与えられるであろう。第二には、都道府県に優先権が与えられ、中央政府は、地方の指揮監督下では有効に処理できない事務だけを引き受けることになるのであろう」としていた。また、「神戸勧告」も、この配分原則の妥当性を確認していた。

③たしかに、現代・現在における通信・交通等の発達による生活圏の拡大、社会国家（福祉国家）理念の導入、もろもろの危機の常駐状況などによって、広域行政や中央集権体制の維持強化の必要性が強調されている。しかし、これについてはすでにふれておいた以下の諸点を再度想起して欲しい。

第一は、第三章二でふれておいた「中央集権体制の問題性」である。具体的には、「人民による政治」の困難性、不十分となる「人民のための政治」および、地方公共団体の下請機関化、利益誘導政治と構造的汚職、全国民の代表と主権者・国民の不在の状況、各地域の発展の困難性、中央集権体制の破滅的性格などである。

第二は、第三章三でふれておいた「充実した地方自治体制の長所」である。具体的には、中央集権体制に内在しまたは伴いがちな諸弊害を克服して、その本務に専念する「全国民の代表」と主権者の意識・知識をもった「真の市民」の創出、各地域の生活・産業・文化の発展、全体としての国民社会の発展を確保しうることである。

それでもなお、よりよき人権の保障や民主主義のために広域団体・広域的処理を要する事務が考えられないわけではない。その場合にも、中央政府の限界や中央集権体制の問題性等からすれば、広域的な処理が不可欠であることの明確な論証が条件となる。また、市町村や都道府県の組合的・連合的協力でも効果的に処理できないことを論証すべきであろう。

④このような事務配分の原則は、「補完性の原則」(Subsidiaritätsprinzip, principle of subsidiarity)(より包括的な団体はより小さな団体で効果的に処理できない事務のみを補完的に担当するという原則)や「近接性の原則」(principle of proximity)(市民にもっとも近い団体が優先的に事務を担当すべきだとする原則)としてすでにみておいたように、近時ヨーロッパ的規模で承認されており、近未来において世界的な規模で承認されようとしている。

⑤この事務配分の原則と関連して、もう一点ふれておかなければならないことがある。それは、市町村に対する「全権能性の原則」――法律上、中央政府やより包括的な地方公共団体に専属的なものとして配分されていない事務や市町村の権能から明白に排除されていない事務のすべてについて、市町村が権能をもつという原則――が市町村最優先の事務配分の原則の系として認められるということである。「人民による、人民のための政治」をもっともおこないやすいのが市町村であるところからすれば、市町村では効果的に処理できないと合理的に論証された事務のみをより包括的な団体である都道府県や中央政府の事務とすることができる。正当な理由あるものとして、法的に、都道府県や中央政府の専属的な事務とされまたは市町村に禁止されている事務以外の事務について、「市町村の事務」の推定がされるのは、当然のことである。これを否定することは、市町村最優先

の事務配分の原則を否定することにもつながる。「ヨーロッパ地方自治憲章」や「世界地方自治宣言」が、この原則をも承認していることは参考になる。

⑥なお、このような事務配分の原則は、ときに「行政事務配分の原則」と呼ばれることもある。だが、すでに指摘しておいたように、それは行政事務の配分の問題にとどまらない。国民主権の原理から要請される中央政府と地方公共団体の間における事務分担の問題であり、担当する事務についての処理の基準・方法の決定の問題を当然に含みこんでいるからである。たんなる行政事務の分担の問題であれば、憲法第五章の内部問題にすぎない。しかし、日本国憲法は、地方自治については第八章という独立の章を設け、しかもその第九五条においては、立法の分担の問題も扱っている。自前の行政権のみならず、自前の始原的立法権をももつとき、地方公共団体は、地方政府としての実体をもつことになる。アメリカ合衆国では、市町村等を地方政府（local government）と呼び、シャウプ勧告が都道府県と市町村をも governments と呼んでいたことは参考になる。第八章「地方自治」の英訳が "Local Self-Government" となっていることも、同様である。*

このような事務配分の原則に従って、市町村・都道府県・中央政府の間における具体的な事務配分が法律で定められる。しかし、三政府は上級庁・下級庁の関係にあるわけではないから、具体的な事務配分について争いがある場合には、公平な第三者機関によって、最終的には裁判所によって、紛争の解決をはかるようにすべきであろう。それが「充実した地方自治」の体制を求める日本国憲法の「地方自治の本旨」にかなうというだけでなく、これほどにまで中央集権体制にふけり続けた国においては、その保障なしには憲法の求める事務配分の具体化をはかることは「夢のまた夢」になりかねないからである。

＊　地方公共団体に、司法裁判所を設けることができるか、も問題となりうる。①憲法にそれを禁止する明文規定がないこと、②地方自治にかかわる多種多様な法律問題が存在すること、③自治体の事情に通暁する司法機関が存在することは、地方自治の保障と何ら矛盾しないことなどからして、自治体裁判所を設けることが憲法に反するとは考えにくい。アメリカ合衆国で自治体裁判所（municipal court）が設けられていることが参考になる。もちろん、その裁判所も、最高裁判所の系列下にあること、その裁判官に職権の行使における独立を保障すべきことをはじめとして、憲法の定める諸制約・諸条件に服さなければならないことはいうまでもない。「下級裁判所」の在り方は、法律で定めることになっているが（憲法第七六条一項）、その法律が形式的な法律のみを意味するか、それとも条例をも含むか（第三一条、第八四条の場合にも問題となる）、また含むとする場合に法律と条例がどのような関係にあるべきかについては、慎重な検討を要する。

(4)　自主財源配分の原則

右の(3)でみておいたような事務配分の原則は、それにみあった自主財源の配分についての保障を求める。(3)の原則に従って事務の配分がおこなわれても、それにみあった自主財源の配分が保障されず、中央政府が優先的かつ過大に財源を確保したうえで、地方公共団体に恩恵的に配分するということになれば、地方公共団体は、憲法による団体自治の保障にもかかわらず、事実上中央政府に従属し、自治体の内実を喪失することにならざるをえない。事務配分にみあった財源配分の原則の保障も、地方自治の本旨に含まれていると解されることになる。

この財源配分の原則に関連して、次の二点にとくに留意すべきであろう。

①地方公共団体に自主課税権が当然に保障されるということである。中央政府の政治であれ、地方公共団体の政治であれ、政治にはそのための財源が不可欠である。地方の政治が「地方自治」としておこなわれなければならない場合には、自主財源の保障が不可欠となる。自主財源の第一は、特別の場合を別として、地方税である。その意味で、地方自治の保障のうちに自主的な課税権の保障も含まれていると解される。これと連動して、憲法第八四条の「租税法律主義」の保障のうちに「租税条例主義」の保障も当然に含まれているものと解される。* 国税との間の調整が不可欠となるが、法律によって調整する場合、その調整が地方公共団体による担当事務の効果的遂行を阻げるほどのものとなれば、「地方自治の本旨」に反しかつ憲法による「地方自治」の保障の趣旨に反することになるというべきであろう。

* このような見解は、学界においては支配的なものといえる。旧い「伝来説」的な考え方にとらわれて、課税権も国に由来するとして、法律による課税権の授権により、地方公共団体ははじめて課税をすることができるとする見解もあるが、誤りというべきであろう。憲法が独立の章をもって「地方自

治」を保障しているにもかかわらず、自治のために不可欠な課税権は法律を媒介としてのみ認められるとすることは、憲法による自治の保障を過度に軽視するものである。

②自主財源についての調整制度が不可欠になることである。事務配分にみあった自主財源の配分を保障するためには、国税と地方税の配分調整のみでは不十分で、地方税・手数料等で自主財源を確保できない地方公共団体のための調整が残るからである。各地方自治団体の物質的基礎を確保するための調整制度であるから、特定補助金より包括的補助金によるべきこと、補助金等の交付によって地方自治権の行使を制約してはならないこと、調整制度に関係地方公共団体の適正な参加を保障することなどが求められるであろう。

(5) 小　括

以上のような「地方自治の本旨」の理解の仕方は、通常の憲法の書物における理解の仕方と相当に異なっている。通常の理解では、「地方自治の本旨」は内容がかならずしも分明でない「住民自治」と「団体自治」の両者またはその後者のみの保障を意味するとし、かつそれ（ら）が「地方自治の本旨」の内容とされる理由を立ち入って説明していない。日本国憲法の国民主権につき一般におこなわれているような理解の仕方を前提としかつ（国家法人説的）君主主権や「国民主権《ナシオン》」になじむ伝来説的な立場をとるならば、そういうことになるかもしれない。

ここでは、近現代の市民憲法下において、地方自治を充実・強化する指導理念の役割を果たしてきた「人民主権」原理を念頭におきながら、「地方自治の本旨」を明らかにしようとした。「人民主権」原理は、「人民による、人民のための政治」を徹底して求めるその構造の故に、「充実した地方自治」の体制をも求め、旧い伝来説的な地方自治の理解の仕方を排除する。アメリカの影響のもとで制定された日本国憲法が、他の大部分の現代市民憲法の場合と異なって、その国民主権を「人民主権」と解することを正当化する諸条件を豊かに具備していることについては、すでにふれておいた。また、とくに憲法第九五条が、「住民」に地方立法機関の地位を与えかつ「一の地方公共団体のみに適用される特別法」にかんする国会の立法権の制限を明示することによって、「人民主権」下における地方自治の在り方についての大きな手掛りを示していることは、注目に値する。ここで示しておいたような「地方自治の本旨」の理解の仕方が、近時世界的な規模でみられる「充実した地方自治」への動向と軌を一にしていることにも留意したい。

二　日本国憲法下における「地方自治」の運用の現実

「地方自治の本旨」の意味内容は、これまでみてきたように解すべきであろう。通説的見解とは異なるが、その方が日本国憲法の原理、「自治」の章立ておよびその関連諸規定に適合的であるし、またとくに第二次世界大戦後の「現在」における世界的な地方自治強化の動向にも合致している。

そのような「本旨」に立脚し解釈運用されるべき「第八章　地方自治」は、現実の憲法政治においてはどのように扱われてきたであろうか。「地方自治の本旨」を具体化する方向で解釈運用されてきたであろうか。

1　住民自治の現状

(1)　議会制と「社会学的代表制」「半代表制」

憲法は、地方公共団体には「その議事機関として議会を設置する」(第九三条一項)としている。議会の文言自体および第九三条二項からも当然のことであるが、それは、議会が住民代表府として地方公共団体の意思を決定・表示する機関であることを意味する。この議会制は、国民主権(「人民主権」)下のものであるから、それは、「直接民主制の代替物」として、住民の意思を確認表明するものでなければならない。それ故に、この議会制は、直接普通選挙制度で選ばれるだけでなく、「社会学的代表制」と「半代表制」の条件を充足していなければならない。これらの諸条件を欠くと、すでにふれておいたように、議会制は、「直接民主制の代替物」となることができず、「人民による、人民のための政治」を確保することができなくなる。

(i)　有権者意思の分布状況を議会構成に縮図として現わすことを求める「社会学的代表制」(比例代表制はその典型)を実現するためには、小選挙区一回投票制のような多数にだけ議席を認める多数代表制を排除し(この点については、第6章**三**の**2**の**(2)**の★を参照)、少数にも議席を与える少数代表制が求められるだけでなく、選挙区制をとる場合には各選挙区に有権者数に比例して議員定数を配分することが必要となる。地方議会議員については、公職選挙法は、第一五条八項で議席の人口比例配分の原則を打ち出し、その二項で、都道府県会議員の場合、ある選挙区で議員一人当たりの人口が、その都道府県の人口を議員の総定数で除してえた数の半数に達しないときは、条例でその選挙区を隣接する他の選挙区と合区しなければならないとしている。しかし、同法が小選挙区一回投票制を明示的に排除していない点、同法が第一五条二項について不合理な例外を認めている点（第二七一条二項）*、および地方議会と裁判所が有権者数（せめて人口）比例の定数配分原則の維持に怠慢である点など**で、問題を残している。

* 公職選挙法第二七一条二項は、「昭和四十一年一月一日現在において設けられている都道府県の議会の議員の選挙区については、当該区域の人口が当該都道府県の人口を当該都道府県の議会の議員の定数をもって除して得た数の半数に達しなくなった場合においても、当分の間、第十五条第二項の規定にかかわらず、条例で当該区域をもって一選挙区を設けることができる」とする「特例選挙区」を認めようとするものである。憲法の保障する平等権（第一四条一項）や選挙権（第一五条一項）との関係で問題がある。学説は、憲法上正当化しうる特別の事情がある場合でも一票の価値の最大格差を二対一未満とすべきだとする傾向が強い。

** 最高裁は、昭和五九年五月一七日判決（民集三八巻七号七二一頁）、平成元年一二月一八日判決

（民集四三巻一二号二一三九頁）、平成三年四月二三日判決（民集四五巻四号五五四頁）、平成五年一〇月二二日判決（民集四七巻八号五一四七頁）などにおいて、①憲法第一四条は、投票価値の平等を要求する、②公職選挙法第一五条八項も、①を受けて、議員定数の配分につき、人口比例をもっとも重要かつ基本的な基準とし、投票価値の平等を要求している、③最高裁は、認められる最大格差を明示していないが、特例選挙区の場合を除いて、三対一を念頭においているようである、④当初適法であった定数配分が人口変動によって違法状態に達した場合、人口変動の状態を考慮して合理的期間内にその是正が図られないときにはじめて違法と判定される、としている。

不平等に寛容でありすぎる。

(ii)　議会が住民（有権者）の意思を確認して条例等とするためには、社会学的代表制の導入のみでは足りない。選挙に、議員等の指名だけでなく、重要問題について方針決定の機能をもたせなければならない。このような代表制の在り方を「半代表制」という。たとえばイギリス等でおこなわれているように、議会で決定しようとする重要な問題の要点は選挙の際に公約として有権者に提示してその承認をえておくことであり、有権者の承認をえていない場合には、議会を解散して有権者の判断を問うことである。この前者の手法は、日本では、国会でも大きく軽視されており（近時の事例では、周辺事態法、国旗・国歌法、テロ対策特別措置法等をはじめとして歴史的な重みをもつ法律の制定についても、このような手法はとられていない）、地方議会の場合にも同様な状況にあるものと判断される。この前者の手法に連動して求められる解散の手続も、国会ではとられず、地方議会では解散制度をそのために機能させることができないほどに、法律で議会の解散が制限されている。★再検討が必要であろう。

このような現状からすれば、地方議会は、憲法が求める「半代表制」の状況にはなく、有権者・住民の意思と無関係に地方公共団体の方針を決定するヨーロッパ一九世紀的な議会状況（「純粋代表制」の状況）にあるということもできる。

地方議会の状況は、国民主権（「人民主権」）下の議会にもかかわらず、いまなお貧しい。その直接の責任が憲法の要求を的確に具体化しようとしない国会（たとえば地方自治法）やその国会の対応を黙認する地方議会にあることは確かだとしても、そのような国会や地方議会の在り方を再生産し続けた国民と住民の責任も大きい。

★ 地方議会については、憲法上に第七条三号のような規定はなく、法律で三種類の解散が認められているにとどまる。

第一は、住民の直接請求に基づく解散である（地方自治法第七六条〜第七九条）。有権者総数の三分の一以上の者の連署による解散の請求と住民投票における過半数の同意が必要とされている。

第二は、首長による解散である（同法第一七八条、第一七七条）。地方議会が首長を不信任決議したとき、首長はその通知を受けた日から一〇日以内に議会を解散することができる。なお、第一七七条は、「非常の災害による応急若しくは復旧の施設のために必要な経費又は感染症予防のために必要な経費」を、議会が、削除・減額し、首長の付再議にもかかわらずなおその議決を維持した場合には、「その議決を不信任の議決とみなすことができる」としている。

第三は、「地方公共団体の議会の解散の特例に関する法律」で認められている議会の自主解散である。総議員の四分の三以上が出席し、出席議員の五分の四以上の同意によっておこなわれる。

(2)　町村総会

地方自治法第九四条は、憲法第九三条や地方自治法第八九条にもかかわらず、「町村は、条例で……議会を置かず、選挙権を有する者の総会〔町村総会〕を設けることができる」とし、同法第九五条は町村総会が議会の機能を果たすことを認めている。町村では、住民自治の具体化として全面的な直接民主制も認められているのである。トクヴィルがニュー・イングランドで出会ったタウン・ミーティング型の住民自治であり、「人民主権」のもとでの住民自治の原型を確認するものといってもいいであろう。

町村総会は、かつて神奈川県足柄下郡芦之湯村と東京都宇津木村〔八丈島〕に存在したことがあるが、現在は存在しないといわれる。スイスでは市町村の約九〇％が住民総会制を採用しているという。なぜこのような違いが出てくるのか、日本における民主主義の根幹にもかかわる問題として、立ち入った検討が必要となる。主権者の成員としての意識と知識をもった「真の市民」を創出しようとしないで、「政治の傍観者」を創り出すことに努めた憲法政治の結果ではないか、また地方公共団体の権能と財源を制限し、その役割を中央政府の下部機構とし続けた憲法政治の結果ではないか、と気になる。国民主権を「人民主権」として把握することができず、地方自治をマイナーな問題と位置づけ続けた、憲法学の責任も問題となる。

(3) 多様な直接請求制度の導入

地方自治法は、以下のような直接請求の制度を導入している。

①条例の制定改廃の請求（第七四条〜第七四条の四）
②事務監査の請求（第七五条）
③議会の解散請求（第七六条〜第七九条、第八五条）
④議員の解職請求（第八〇条、第八二条〜第八四条）
⑤長の解職請求（第八一条〜第八四条）
⑥役員の解職請求（第八六条〜第八八条）
⑦住民の監査請求と住民訴訟（第二四二条〜第二四二条の二）

これらの直接請求のうち、①は、有権者総数の五〇分の一の署名をもって、長に対しておこなわれる。長は、請求を受理した日から二〇日以内に議会を召集し、その意見をつけて議会の審議に付することになっている。ここでは、その請求を住民投票にかけて条例にすることまでは保障されていない。しかし、「人民」による立法を建前とする「人民主権」のもとにおける直接請求であり、憲法もそのことをふまえて住民に立法機関の地位を明文をもって認めているところからすれば（第九五条参照）、請求署名者数を増加してでも、住民投票による条例制定への道を開いておくべきであろう。*

＊　あとでふれるように、近時、日本においても住民投票制の導入がしきりに論じられているが、投票にかけられる原案が首長や議会のみで作成されるのであれば、住民意思による政治は、なお不十分なものとならざるをえない。住民発案の制度は、住民投票の制度とともに、住民自治に不可欠のものである。そのまま条例としうるような条例案を住民が作成しうるかは、既存の条例等との関係でまた住民の法技術的知識との関係で、問題となりうる。他国でおこなわれているように、住民発案では条例の骨子のみを定め、住民投票で可決されたあとに、それを条例化することも考えられるであろう。

②も、有権者総数の五〇分の一以上の署名をもっておこなわれる。請求と監査結果を公表することが義務づけられている。

③は、有権者総数の三分の一以上の署名をもって、選挙管理委員会に対しておこなわれる。同委

員会は、これを有権者の投票にかけ、有効投票の過半数の同意があったときは議会は解散される（なお、議会解散については、本章の二の1の(1)(ii)の★も参照）。

④は、その議員を選出した選挙区の有権者総数の三分の一以上の署名をもって、選挙管理委員会に対しておこなわれる。選挙管理委員会は、当該選挙区の有権者の投票にかけ、有効投票の過半数の同意があったときは、その議員は失職する。

⑤は、③と同様にしておこなわれる。

⑥の請求は、有権者総数の三分の一以上の署名をもって、長に対しておこなわれる。長はこれを議会の審議にかけ、議員の三分の二以上が出席しかつその四分の三以上の同意があったとき、その役員は失職する。なお、解職請求の対象となる役員は、副知事もしくは助役、出納長もしくは収入役、選挙管理委員、監査委員、公安委員会委員とされている（地方自治法第八六条一項）。有権者総数の三分の一の署名という役員の解職請求の困難性、対象役員の重責性、および住民自治の意義の諸点からすれば、請求の最終決定は住民がするようにすべきであろう。

⑦監査請求は、住民に、その地方公共団体の公務員による違法・不当な財務行為について、監査委員の監査とその違法・不当な行為の防止・是正・損害賠償等の措置をとることを求めるものである。監査委員の決定等に不服があるときは、違法な財務行為の取消し等を求める訴（住民訴訟）をおこすことも認められている。

(4) 情報公開制度の導入

条例で情報公開制度を設ける地方公共団体が年々歳々増加している。総務省の調査によると、二〇〇一年四月現在で、その数は六六％に達しているという。情報なしには、住民自治は不可能であるから、情報公開制度の整備は、住民自治を重視する国民主権（「人民主権」）のもとにおいては、権力担当者に課されている当然の義務というべきであろう。個々の市民は、住民の一員としてまた主権者・国民の一員として当然に知る権利をもっている。情報公開制度は、それに対応するものである。「人民主権」が、人民を構成する市民の意思の集積をもって人民の意思とし、かつ各市民が政治に参加する固有の権利をもっているとするものであるところからすれば、知る権利の保障と情報公開制度の整備は「人民主権」下の政治に不可欠のこととなる。この点からすれば、いまもって情報公開制度を設けず、設けていても「知る権利」によってそれを基礎づけようとしていないことが、問題となる。

(5) 住民投票制度の不備

住民投票制度は、地方自治法においては、同法の定める直接請求制度との関連で若干設けられているものを別とすると、整備されていない。たとえば、議会と首長の間で意見が対立している重要問題、住民生活にとって重要な意義をもつ問題で住民間で意見が対立拮抗している問題、住民と議会の間で意見が対立している重要問題など、住民投票が積極的な役割を果たせる問題についても、法律ではまだ住民投票制度が用意されていない。しかし、法律がこの制度を整備していないということは、憲法や法律がその制度を排除したり禁止したりすることを意味しているわけではない。条例でこの制度を整備することには、少なくとも憲法上決定的な支障があるとは考えられない。すでにみておいたように、自治体事務の処理の基準や手続等をどう定めるかは、本来自治体の決めるべきことであり、「人民主権」下の住民自治においては、憲法上特別の禁止や制限の規定がないかぎり、住民が定めうることである。この点については、あとで若干立ち入って検討する。

2 団体自治の現状

団体自治の現状については、それと密接に関連している事務配分の原則と財源配分の原則の問題も、あわせて検討することにしたい。また、ここでいう「現状」は、原則として、一九九九年に成立した「地方分権一括法」の施行（二〇〇〇年四月一日）前の状況を意味する。

団体自治の現状は、貧しい。「地方自治の本旨」は、この面でとくに大きく阻害されている。

(1) 貫かれない事務配分の原則

団体自治の充実のためには、何よりも、地方公共団体優先の事務配分の原則（市町村最優先、都道府県優先の事務配分の原則）およびその系としての地方公共団体（とくに市町村）の「全権能性の原則」が実現されなければならない。地方公共団体の事務がごく少数の事項にかぎられているのであれば、かりに充実した住民自治が実施されかつ中央政府によるもろもろの介入が当該事務について排除されていても、地方自治はさして大きな意義をもつことはできない。地方公共団体の主たる任務が、中央政府の事務をその監督のもとで処理することにあれば、そこまでいかなくとも中央政府の決めた基準のもとで、その執行を分担することにあれば、地方公共団体は、憲法による自治の保障にもかかわらず、中央政府の下請機関とされ、「地方政府」・自治体の実体をもてないことになる。そのような事態を避けるために、「シャウプ勧告」や「神戸勧告」は、日本国憲法にふさわしいものとして、すでにみておいたような事務配分の原則を強調していた。その後においても、地方制度調査会は、数次にわたって、地方公共団体に事務を移すよう答申していた。しかし、憲法政治においては、そのような事務配分の原則は無視され、旧い伝来説的な観点から中央政府優先の配分原則がとられ続けた。権能をもたない地域の生活・産業・文化が衰退するのは当然のことであり、地方公共団体が主権者の成員としての意識と知識をもった「真の市民」の創出の役割を果たせなくなるのも避けがたいことであった。

(2)　機関委任事務の処理に追われる地方公共団体（下請機関化する地方公共団体）

上記(1)の事態のもう一つの帰結が、この(2)である。一九九九年改正前の地方自治法では、明治憲法下の場合と同様に、地方公共団体の事務は、公共事務（固有事務）、団体委任事務および行政事務の三種に分けられていた（第二条二項）。公共事務は、地方公共団体の存立目的としての事務で、旧制度以来伝統的に地方公共団体の事務と考えられてきたものである。主として、ゴミ処理、上下水道、学校、病院、公民館など住民福祉のための非権力的なサービス業務や地方公共団体の維持・存立のための事務（その組織・運営・財政にかんする事務）などが考えらていた。団体委任事務は、法令の個別規定に基づいて国（中央政府）から委任されたもので、伝染病院の設置、失業対策、国民保健事業など地方自治法の別表の第一・第二に列記されていた。行政事務は、交通やデモ行進の取り締まり、営業の規制など、公権力を行使して住民等の権利・自由を規制するものである。これら三種の事務については、法令に違反しないことを条件として、その処理の基準等を条例で定めることができ（同法第一四条一項）、また条例には、法令に特別の定めのある場合を別として、「条例に違反した者に対し、二年以下の懲役若しくは禁固、百万円以下の罰金、拘留、科料又は没収の刑を科する旨の規定を設けることができる」（同法第一四条五項）とされていた。

しかし、地方公共団体は、そのほかに、中央政府や他の地方公共団体から、法律またはそれに基づく政令により地方公共団体の長やその他の執行機関（教育委員会や選挙管理委員会など）に委任されている事務（「機関委任事務」）も担当していた。この事務については、地方議会は、条例を制定することも、検閲・検査・調査などをすることもできず、説明の要求と意見表明をすることができるにすぎない（同法第九九条）。また、その事務の処理においては、長などは中央政府などの下部機関とされ、主務大臣または都道府県知事の一般的な指揮監督を受け（同法第一五〇条）、都道府県知事は市町村長がおこなった処分の取り消しまたは停止をすることができた（同法第一五一条）。また、主務大臣または都道府県知事は、長に対して、期限を定めて職務執行命令を発し、その期限までに執行がされないときは、代執行をすることも認められていた（同法第一五一条の二）。

このような機関委任事務は、地方自治法の別表第三・第四に列記されているが、地方公共団体が日常的に処理する事務のなかで大きな割合を占めていた。市町村で四、五割、都道府県では七、八割に達しているといわれていた。このように、地方公共団体で処理している事務の多くは、中央政府等の事務であって、みずからの事務ではなかった。「三割自治」という批判的な表現があるが、そのような「下請機関」化している「自治体」の実体を示すものであった。

一九九九年の改正の際に機関委任事務の縮減が試みられた。地方分権推進委員会――地方分権推進法に基づいて総理府に設けられた委員会で、地方分権に関する基本事項を調査審議し、その結果をふまえて地方分権推進計画作成のための具体的な指針を首相に勧告し、活動計画に基づく施策の実施状況を監視して首相に必要な意見を述べることを任務とする（同法第四章）――は機関委任事務の八〇％を「自治事務」にしようとしたが、最終的には五五％にとどまったと報道されている。*

＊　一九九九年の改正地方自治法では、地方公共団体の担当する事務は、「自治事務」と「法定受託事務」の二種類に整理された。地方公共団体は、「地域における事務」（A）と「その他の事務で法律又はこれに基づく政令により処理することとされるもの」（B）を担当するが（同法第二条二項）、「自治事務」はAのほかにBの一部をも含んでいる（第二条一三項を参照）。「自治事務」とは、「地方公

共団体が処理する事務のうち、法定受託事務以外のもの」をいう（第二条八項）。「法定受託事務」とは、「法律又はこれに基づく政令により都道府県、市町村又は特別区が処理することとされる事務のうち、国が本来果たすべき役割に係るものであって、国においてその適正な処理を特に確保する必要があるものとして法律又はこれに基づく政令に特に定めるもの」（第一号法定受託事務）または「法律又はこれに基づく政令により市町村又は特別区が処理することとされる事務のうち、都道府県が本来果たすべき役割に係るものであって、都道府県においてその適正な処理を特に確保する必要があるものとして法律又はこれに基づく政令に特に定めるもの」（第二号法定受託事務）をいう（第二条九項）（C）（法律の定める第一号および第二号法定受託事務は、それぞれ改正地方自治法の別表第一および別表第二に列記されている）。自治事務＝A＋（B−C）、である。

また、改正地方自治法では、「自治事務」のみならず、地方公共団体が第二条二項に基づいて担当するすべての事務につき条例の制定権を認めている（第一四条一項）。「法律又はこれに基づく政令により地方公共団体が処理することとされる事務が自治事務である場合においては、国は、地方公共団体が地域の特性に応じて当該事務を処理することができるよう特に配慮しなければならない」（第二条一三項）にも留意すべきであろう。

(3) 財源も「三割自治」

地方公共団体は、その政治を自主的におこなうために必要不可欠な収入の保障つまり自主財源の保障も欠いていた。地方公共団体がみずから徴収する地方税、手数料、使用料などの自主財源は、その収入全体の半分程度にすぎず、残りは地方交付税交付金（地方交付税法により、所得税・法人税・酒税の三二％が地方公共団体に交付される）、国庫支出金（義務教育費や生活保護費など国＝中央政府が義務として負担する国庫負担金、国＝中央政府が地方公共団体の事業を誘導・奨励するための国庫補助金、国＝中央政府が地方公共団体に委託する国勢調査や外国人登録などの経費である国庫委託金）、都道府県支出金および地方債に依存している（「依存財源」である）。地方交付税交付金は、使途を特定されていない「一般財源」であるが、国庫支出金は、「特定財源」で、使途が特定されており、地方公共団体の自由にはならない。いずれにしても、中央政府が、これらの「依存財源」の配分等を通じて、地方公共団体を事実上従属させてきたことは否定できない。

たとえば、補助金については、交付額決定基準の不明確性の故もあっても、陳情行政や政治家の介入が常態化しているだけでなく、各省庁が地方公共団体の政治に介入する手掛りともなっている。地方公共団体は、そのために、副知事、総務部長、財政課長、教育長のような主要な地位を提供して、「巡回公務員」や「天下り公務員」と呼ばれる中央官僚（市町村は都道府県からも）を日常的に受け入れている。住民や政党までもが、首長の選挙に中央官僚の出身者を当然のことのようにして受け入れていることは、異常というほかはない。たとえば、都道府県知事は、一九九九年一二月三一日現在で、中央官僚出身者は二五人、五三・二％に達している。副知事については、一〇年も前に、三分の二までが中央官僚出身といわれていた。また、補助金事業に伴う支出が地方公共団体の累積債務の一要因となり、地方財政を悪化させていることも看過してはならない。

また、機関委任事務の処理において、地方公共団体がもち出しとなっていることも注目したい。地方自治法は、中央政府からの機関委任事務について、「国は、そのために要する経費の財源につき必要な措置を講じなければならない」（第二三二条二項）とし、また地方財政法は、国の支出金につき「地方公共団体が当該国の支出金に係る事務を行うために必要で且つ充分な金額を基礎として、これを算定しなければならない」（第一八条）としていたが、充分な金額は支出されなかった。負担の単価を実際より低く定めたり、業務遂行のために必要な施設面積や職員数を実際より少なく定めたりすれば、地方公共団体のもち出しは不可避となるはずであった。「超過負担」の問題であるが、これも地方財政を圧迫する一要因になっていたといわれる。

なお、一九九九年の改革では、地方公共団体の権能が増加されたが、地方財源の改革は原則としておこなわれなかった。* 権能が増えれば、財政需要が増大する。地方公共団体は、財政的には自立性を弱め、中央政府への依存の度合いを高めざるをえなくなる。この点からしても、一九九九年の改革は、「地方自治の本旨」に沿うものと積極的に評価するわけにはいかない。

地方公共団体の財政が「破綻」「倒産」の状況にあるといわれる（その現状と原因については、神野直彦『地方自治体壊滅』一九九九年が参考になる）。「地方財政危機が深刻化しているのは、自治体が国の事務を強制されたり、国の任務である景気対策や産業政策に動員された結果といえる」とする同書の指摘にはとくに注目したい（二〇一頁）。中央集権体制とその誤った政策の結果である。憲法の求めるところに従って、権能と財源を抜本的に再配分し、団体自治と住民自治の原則に従ってそれらを行使する体制を樹立するほかはないようである。

＊　一九九九年の地方自治法の改正で、地方公共団体に対する起債の制限は、原則として廃止された。改正前は、「普通地方公共団体は、地方債を起こし並びに起債の方法、利率及び償還の方法を変更しようとするときは、当分の間、政令の定めるところにより、自治大臣又は都道府県知事の許可を受けなければならない。」（第二五〇条）とされていた。今回の改正で、同条は廃止され、地方財政法に「地方公共団体は、地方債を起こし、利率若しくは償還の方法を変更しようとする場合は、政令で定めるところにより、自治大臣〔現総務大臣〕又は都道府県知事に協議しなければならない。……」（第五条の三第一項）とする包括的協議の方式が導入された（この協議方式については、事実上の許可制となることが懸念されているが、自治の理念を軽視する運用が許されないのは当然のことである）。また、同法は、赤字団体、起債制限比率の高い自治体等々が地方債を発行しようとするときは、従来と同じく自治大臣〔現総務大臣〕等の許可をえなければならないとしている（第五条の四）。この新しい方式の施行は二〇〇六年度からとされている。したがって、二〇〇五年度までは従来の許可制が続くことになる。合理性がないとして廃止するものをなぜ延命するのか、容易には理解しがたい。また、二〇〇〇年一二月二五日付の新聞報道（朝日新聞朝刊）によれば、地方公共団体の財源不足に対処すべく、二〇〇一年度から赤字地方債の発行が認められることになったとのことである（従来は、財源不足分は、国の特別会計が国と地方の折半で借りていた）。

(4) 一九九九年改正と中央政府の介入

一九九九年の改正地方自治法によって、中央政府の介入が強化されているかにみえる点も問題となる。新制度では、地方公共団体の事務は、自治事務と法定受託事務の二種類となる。しかし、自治事務についても、中央政府による是正要求が強化されているかのようにみえる。

改正前の地方自治法では、「内閣総理大臣は、普通地方公共団体の事務の処理又はその長の事務の管理及び執行が法令の規定に違反していると認めるとき、又は確保すべき収入を不当に確保せず、不当に経費を支出し、若しくは不当に財産を処分する等著しく事務の適正な執行を欠き、且つ、明らかに公益を害しているものがあると認めるときは、当該普通地方公共団体又はその長に対し、その事務の処理又は管理及び執行について違反の是正又は改善のため必要な措置を講ずべきことを求めることができる。……」「内閣総理大臣の前項の規定による措置は、市町村の事務の処理又はその長の事務の管理及び執行に係るものについては、都道府県知事をして行わせるものとする。但し、内閣総理大臣は、必要があると認めるときは、自ら当該措置を行うことができる」(旧第二四六条の二第一項、第二項)としていた。

しかし、改正地方自治法は、自治事務についても、中央政府の是正要求を以下のように強化している(とくに、新第二四五条の五を参照)。

①是正要求権者が「各大臣」に広げられている。

②是正要求の要件は、法定受託事務についての是正指示の要件(同法新第二四五条の七)と同一

であるが、「都道府県の自治事務の処理が法令の規定に違反していると認めるとき」のほか、「著しく適性を欠き、かつ、明らかに公益を害していると認めるとき」にも、「違反の是正又は改善のため必要な措置を講ずべきことを求めることができる」。

③市町村の自治事務については、各大臣の指示を受けて都道府県の執行機関が是正の要求をするが、「緊急を要するときその他特に必要があると認めるときは」各大臣自ら「違反の是正又は改善のため必要な措置を講ずべきことを求めることができる」。

④普通地方公共団体は、是正要求を受け入れたときは、それに応じなければならない。

⑤中央政府と地方公共団体の間で対応が異なる場合には、「国地方係争処理委員会」（都道府県と市町村の間では、「自治紛争処理委員会」）への審査の請求と出訴の二段階の審査制度が設けられている（第一一章第二節第二五〇条の七以下）。

自治事務であることを認めつつ、その自治事務について、なぜこのような大幅な介入権が認められるのか、また、中央政府→都道府県→市町村の序列をなぜ依然として前提としようとするのか、理解しがたい。ⓐいつまで、中央政府と国の混同を続けようとするのか。中央政府は、統治権の所有者としての国ではない。中央政府も地方公共団体も、憲法を通じて国民から統治の権能を授権されている点においては、何らちがいはない。地方公共団体は、その統治の権能を中央政府から授権されているわけではなく、憲法上の根拠なしに中央政府（や他の地方公共団体）の監督に服すべき立場にあるわけではない。ⓑ自治事務は、その由来からしても、また憲法における「地方自治」の保障からしても、原則として、地方公共団体が住民の参加と監視のもとで、処理の方針を定め解釈運用すべきものであって、地域の実情を熟知しない中央政府が当・不当の問題にまでわたって是正を義務づけうるものではない。そのような介入は、団体自治と住民自治を核とする「地方自治の本旨」に反するもとのいわざるをえない。地方公共団体の今日の惨状とその要因からすれば、そのような介入はその惨状を維持・継続するものになりかねない。

(5) 法律による自治組織権の侵害

法律による自治組織権の侵害も問題となる。憲法による団体自治の保障のうちに自治組織権が含まれていることが軽視され、憲法の第九二条や第九四条の法律が「法律の留保」と同様に解されている結果である。「都道府県の首長内部部局編成への介入」「執行機関法律主義」(地方自治法第一三八条の四第一項)、「必置規制」などがその代表例としてあげられているが、抜本的な見直しを要する(この点については、当面、稲葉馨「自治組織権と附属機関条例主義」『塩野宏先生古希祝賀・行政法の発展と変革下巻』二〇〇一年・三三五頁以下を参照)。

(6) 地方自治の研究・教育の欠落

今回の改革も含めて、日本国憲法と地方自治の五〇余年は、地方自治——「なぜ地方自治か」「どのような地方自治か」「日本国憲法はそれらをどう考えているか」を含めて、地方自治の基礎理論とそれをふまえた地方制度――の研究・教育の場の問題を本格的に検討も用意もしてこなかった。「自治医大」はつくられても、「自治大学」がいまもってつくられていないのは、その事態を示す象徴的な事例といっていいであろう。日本国憲法制定時に、占領軍総司令部は、民間の主要な憲法草案にも地方自治の章や条項が欠落していることに驚愕し、すでに紹介しておいたように、「彼らが中央集権の理念をあまりに深く教えこまれていたか、或は、地方自治は国会に委せることのできる小さな事項にすぎないと考えていたか、何れかである」と指摘していた。このような憲法意識・自治意識の状態は、この五〇余年の憲法政治においては、さして変わらなかった。地方自治の基礎理論も、ほぼ同様の状況にあるといっても大過はあるまい。このような状況の一要因が、地方自治の意義・基礎理論を軽視する研究・教育体制の在り方にあったとすれば、今回の改革さえもがこの問題に言及していないことは、今回の改革も伝統的な考え方の影響下でおこなわれたことをうかがわせるとともに、日本国憲法の求める地方自治の実現が地方自治のための研究・教育体制の整備のいかんに大きくかかっていることを再確認させている、というべきであろう。この点については、あとでさらにふれる。

三　地方自治の現状をどう改革するか

1　憲法の求める「充実した地方自治」体制の実現を

日本国憲法下の地方自治の現実は、貧しい。憲法における国民主権と「第八章　地方自治」の保障にもかかわらず、憲法政治は地方自治を軽視し、中央集権体制にこだわり続けた。「三割自治」と評される中央集権体制のもとで、利益誘導政治と構造的汚職、「全国民の代表」の不在とそれを統制すべき主権者・国民の不在状況、過疎過密、財政破綻、日本全体の政治的・経済的・文化的衰退の状況がつくり出されている。人類は、近代以降においても中央集権体制の弊害に苦しめられ続けたが、その苦しみのなかで、それを克服すべく「充実した地方自治」体制の樹立を求め、その諸原則を明らかにすることに努めてきた。日本国憲法は、すでにみておいたように、その人類の歴史的努力をふまえて、「充実した地方自治」の諸原則に好意的な姿勢をとっている。日本における衰退状況からの脱出の鍵の一つは、そのことを理解し、その諸原則を実行することにある。まずはもう一度、「地方自治の本旨」の具体的な内容の要点を確認したいものである。

2　住民自治の活性化を

「充実した地方自治」の体制なしには、各地域の生活・産業・文化を維持し発展させることはできない。そして、それこそが主権者の成員としての意識と知識をもった「真の市民」を創出し、国民不在の憲法政治を克服する鍵であることも、間違いあるまい。日本国憲法下においては、その実現は「地方自治の本旨」に含まれている諸原則の認識と具体化にかかっている。地方自治のための研究・教育体制の整備が、そのための条件となることについては、すでに指摘しておいたし、あとでまたふれる。

「地方自治の本旨」が軽視されている憲法政治の現状においては、なにがその変革の手掛りになるであろうか。国民が国の主権者であり、住民がその成員にして地域の主権者であり、ともに憲法政治を監視・監督すべき立場にあるところからして、また、住民自治（なかでも直接民主制）の原則が比較的よく具体化されているしまた具体化できるところからすれば、住民自治こそが現状変革の効果的な手掛りになるものと考える。近時における、新潟県巻町、沖縄県、岐阜県御嵩町、宮崎県小林市、岡山県吉永市、徳島県徳島市などの住民投票の経験は、そのことを具体的かつ象徴的に示している。そこでは、住民が、住民投票の運動と経験を通じて「傍観者」の地位から脱出し、地方自治と憲法および地方政治と憲法政治の現状を検討し監視する政治の主役に変身しようとしている。ここにこそ現状打破の当面の手掛りがある。地方自治を軽視し続けた憲法政治のなかで、そこに活路を見出そうとすることは、ドン・キホーテ的な挑戦であり、方法を誤っているとうつるかもしれない。しかし、住民自治においては、そのための制度はそれなりに整備されているし、さらに充実しうる状況にある。住民が地方自治の意義を理解し、住民自治の整備状況を知れば、用意されている手掛りの活用と改善が始まる。それに、近時、住民が沈黙の傍観者にとどまり続けられる諸条件が急激に失われつつあることも否定できない。近時における政治的、経済的、財政的破綻状況は、国民・住民の生活・産業・文化を根底から脅かす状況にさえもある。

住民自治の問題と関連して、市町村合併の推進政策がその障害物となることに注目したい。地方分権一括法の成立後に自治省（現総務省）は合併推進本部を設け、都道府県知事に合併推進要綱の作成を求めている。地方分権一括法では、市町村合併につき、従来の特例措置に加えて、市の要件の特例、議員退職年金の特例、地方交付税の算定の特例、合併特例債の創設などの利益誘導的な制度を設けている。また、総務省は二〇〇一年度地方交付税算定で小規模町村への福祉配分の縮小を決定している（七月三日）。三二〇〇余の市町村を一〇〇〇に削減しようとする「平成の大合併」の試みである。自治能力の強化、とりわけその財政能力の強化が理由とされている。* しかし、市町村の規模を拡大することには、地域の歴史・伝統・文化の破壊や断絶をもたらすおそれがあるだけでなく、住民自治を弱めるおそれがあることに留意したい。住民が数十万、百万と巨大化すればするほど、住民自治の活性化は困難となる。地方分権がおこなわれても、住民自治が弱体化され、住民が「傍観者」の度合いを強めることになれば、住民のための生活・産業・文化の発展は確保されず、「真の市民」の創出も困難とならざるをえない。明治、昭和、平成と地方制度の改革の度に、市町村の大合併がおこなわれたことの意義を再考したい。合併をしなければ、財政的自治能力が保障されないという、地方自治の存在理由を否定しかねない地方財政の在り方をこそ問題としなければならない。日本国憲法下においては、地方公共団体優先の事務配分の原則（とりわけ市町村最優先の事務配分の原則）およびそれにみあった自主財源配分の原則と抵触するものとして、「地方自治の本旨」に反するとの疑いを禁じえない。また、欧米諸国と質的に異なる市町村数にも注目したい。たとえば、一九九〇年代初頭、人口六〇〇〇万人弱のフランスは基礎自治体（コミューン）三万五〇〇〇余を、人口八〇〇〇万人弱のドイツは基礎自治体（ゲマインデ）一万九〇〇〇弱を、人口五八〇〇万人のイタリアは基礎自治体（コムーネ）約八〇〇〇をもっていたという。

＊「平成の大合併」の動きは、現代における広域行政の必要性（生活圏の拡大や社会国家理念の導入に由来する新規行政需要などを理由とする）に加えて、とくに財政状況の悪化に伴う行財政能力の強化の必要性を理由としている。この後者の理由による市町村合併の推進には、本文で述べておいたように、憲法の求める「地方自治の本旨」に反するという意味で問題があるだけでなく、財政破局状況の原因を地方公共団体に転嫁しかつその原因自体の解消に努めていない点でも問題がある。その原因の大部分は中央政府の責任に属するものであり、しかも、中央政府はその原因の主内容となる防衛予算と公共事業費の抜本的な削減には手をつけようとしていない。地域の産業・生活・文化の観点からすれば、「地方自治の本旨」から求められる「市町村最優先等の事務配分の原則」・それにみあった財源配分の原則を具体化し、地域の産業・生活・文化の活性化をはかることが何よりも必要なことであろう。市町村合併の動向については、村上博「全国的な市町村合併の動向と課題」『岐阜を考える』No.110、渡名喜庸安「市町村合併の現段階」『地方自治問題研究機構』No.13に要領のよい説明がある。

3　「自治大学」を

第八章を「地方自治」にあて、「充実した地方自治」の体制を求めていると解される日本国憲法のもとで、なぜ中央集権体制がこれまでほぼ一貫して維持されたのだろうか。地方自治についての研究・教育の在り方も問題となる。

日本国憲法下で五十余年にわたって中央集権体制を支えてきたものとして、①中央政府の民主化こそ一国の民主化のアルファでありオメガであるとするジャコバン主義的民主主義論（この考え方は、日本国憲法下においては、「革新」の側でも支持されていた）、②交通・通信等の発達による生活圏の拡大や社会国家理念の導入などを理由とする新中央集権論、③明治憲法下の経験をないまぜた「中央政府→都道府県→市町村」の序列を自然的秩序まがいのものとして受けとめる憲法意識、④さらには、それらを法理論的に総括し、地方自治をマイナーな憲法問題とするための憲法論ともいうべき「伝来説」またはそれに類する地方自治の基礎理論、などを指摘しておいた。

研究・教育の場においても、これらは共有されていた。地方自治の問題は、いまもって、研究においても教育においてもマイナーな問題とされ続けている。少なくとも憲法学においては、地方自治を主要な研究課題としている研究者は、いまなおごく例外的である。法学部の憲法教育においても、「地方自治」の章は、「財政」の章とともに省略されがちな部分である。大学の法学部がこのような状況であるから、その他の学校教育や社会教育で地方自治の研究・教育に力を入れているとは考えにくい。知事、副知事、大中都市の首長やその他の主要ポストが中央政府の政治家や高級中央官僚の事実上の天下り先となり、住民がそれを積極的消極的に受け入れている状況も、それと無縁ではない。地方自治の基礎理論（「なぜ地方自治か」「どのような地方自治か」「日本国憲法はそれらの問題にどのように対処しようとしているか」等を中心とする、地方自治の意義・理念・原則等についての検討）およびそれをふまえたうえで現実の制度と運用を研究・教育する場が必要・不可欠となる。明治憲法下では、帝国大学をはじめとする諸大学の法学部が、中央集権国家のために必要な研究・教育の役割を担った。日本国憲法下においても、法学部の研究・教育体制は、基本的にはその延長線上にある。さきに指摘しておいたような研究・教育の状況は、そのことをよく示している。

しかし、もうその状況を維持し続けるわけにはいかない。日本国憲法は、中央集権の国家体制を認めず、「充実した地方自治」の体制をとっているからである。しかも、中央集権の体制は、日本においてもまた世界的な規模でみても、政治的にも、経済的にも、そして文化的にも、失敗している。世界的な規模で「充実した地方自治」体制への動きが顕在化しているのは、その結果にほかならない。大学の法学部も、この事態を認識して、地方自治についての研究・教育と本格的な取り組みをしなければならない。

法学部が近代以降もち続けた伝統の故に新しい対応をしにくいことや、法律・政治問題に解消されない地方自治の多面性（地場産業の発展・中小企業問題・労使関係等々の諸問題を含む経済問題、税・財政の問題、地域における研究・教育・技術・文学・芸術等々に関する文化問題、広範な環境問題を含む）からすれば、地方自治の諸問題についての研究・教育の役割を集中的に担う「自治大学」が求められているというべきかもしれない。法律・政治問題に限定してみても、日本国憲法も求める「充実した地方自治」の理論と技術を身につけたその担い手を養成しないことには、日本の中央集権体制が当面している諸困難に理論的にも技術的にも対応できない。かりに、世界の動向という外圧（たとえば、「世界地方自治憲章」という条約の締結）によって、「充実した地方自治」の制度が導入されることになっても、それについての正当な関心と知識・技術をもった国民（住民）・政治家・公務員を欠けば、その運用において「充実した地方自治」の体制は空洞化する。

地方自治についての研究・教育体制の整備の問題は、住民自治の活性化の問題とともに、現状打開の両輪としての意義をもっている。

第6章　住民による地方自治

地方自治の貧しい現状と憲法が求める「充実した地方自治」体制の積極的な意義からすれば、新しい法学部や「自治大学」が整備されないことを理由に、地方自治の現状を黙認し続けるわけにはいかない。比較的に整備されている「住民自治」を手掛りとして、とりわけ住民参加を積極的な学習の機会として、地方自治の現状を改善していくことが当面の課題となる。

一　憲法と法律による「住民自治」についての相当の保障

すでにみておいたように、日本国憲法の地方自治が、国民主権（「人民主権」）原理のもとにおける地方自治として、「住民による、住民のための自治」としての「住民自治」を求めていることについては、さして異論がない。しかも、それは、憲法と法律によって相当に具体化されている。

憲法第九三条は、一項で「議事機関として議会」を設け、二項で地方公共団体の首長、議員および法律の定める吏員を住民が直接選挙するとしている。その選挙が、憲法第一五条三項（「公務員の選挙については、成年者による普通選挙を保障する」）の適用を受けることはいうまでもない。また、その第九五条は、国会が一の地方公共団体のみに適用される法律（「地方特別法」）を制定しようとする場合には、国会の議決のほかに、「その地方公共団体の住民の投票においてその過半数の同意」を得なければならないとしている。地方公共団体においては、国会の立法権が制限されることおよび住民も地方公共団体の意思決定権をもっていることが確認されている。憲法第四一条・第四三条一項から明らかなように、国会の立法機能は原則として全国民を対象とする一般的抽象的法規範の定立に限定されているから、特定または一部の地方公共団体（の住民）のみを対象とする政治の基準の定立は本来その住民とその議会が担当すべきものであることの確認である。

法律の段階では、たとえば地方自治法は、条例の制定改廃の請求、事務監査の請求、議会解散の請求、議員の解職の請求、長の解職の請求、役員の解職の請求（以上第五章第七四条〜第八八条）、住民監査の請求と住民訴訟（第二四二条、第二四二条の二）などの直接請求の制度を設けている。さらに、同法の第九四条と第九五条では町村総会の制度を条例で設けその総会（有権者総会）をもって町村議会にかえることができるとしている。

これらの諸制度が善用されれば、住民自治は法律で設けられている現行の制度枠組みのもとでも、相当に充実した機能を果たすことができるはずである。そのなかで、「真の市民」の創出を期待することもできる。

もちろん、法律で具体化されている現行の住民自治制度に問題がないというわけではない。たとえば、条例の直接請求について、現行制度は、有権者総数の五〇分の一の連署をもって、長に対しておこなわれ、長が請求を受けた日から二〇日以内に議会を召集し、その意見をつけて議会の審議に付する、にとどまっている。その請求を住民投票にかけて最終決定をすることまでは保障されていない。連署の数を増やしてでも、その保障をすべきであろう。国民主権（「人民主権」）のもとにおける住民自治として、住民が本来的な自治権の担当者であり、それ故に第九五条からもうかがわれるように住民が自治立法権の担当者でもあるところからすれば、なおさらのことであろう。条例についての直接請求制度と同様の問題は、役員の解職制度にもある。そのような制約があっても、議会や長が民意を的確にふまえていれば、それらの諸制度はなお住民自治のために機能できる。しかし、議会や長が、民意を的確にふまえることなく、党派的また利己的行動に終始すれば、住民代表が事実上不在となるだけでなく、肝腎の住民自治が大きく侵害されることになる。そのような事態においては、住民は、ときに地方公共団体の政治の傍観者・無関心となり、ときに直接民主制の強化を求めていくようになる。

近時においては、地方議会や首長の選挙のたびごとに、投票率の低下が全国的規模でみられる。また、それに対抗するかのようにして、住民自治の観点から、とくに住民投票による条例の制定改廃や重要問題の決定を求める動きが強まっている。学界においても、この後者については首肯的な論調が強まっている。

二　住民自治と住民投票

1　近時における住民投票の動向

一九九六年八月、新潟県巻町で「原子力発電所について」の住民投票が、また同年九月沖縄県で日米地位協定の見直しと米軍基地の整理縮小に関する県民投票が、おこなわれた。諮問的住民投票ではあったが、直接の住民意思によって重要問題の解決をはかろうとするものであり、またそれ故に住民自治を活性化するものとして、国民世論に大きな衝撃を与える画期的なできごとでもあった。それは、その後に続く岐阜県御嵩町などの一連の住民投票の先駆となり、住民を「傍観者」としがちな従来の住民自治と異なる新しい住民自治の在り方を予告するものであった。世論は、住民投票に否定的とはみえず、住民投票における投票率は、地方議会等の選挙の場合と較べて格段に高いものであった。近時における住民投票の事例は、**別表**のとおりである。

2　住民投票の法的論議——学説の状況

(1)　憲法学の場合

憲法学が日本国憲法下においても地方自治をマイナーな問題とみなしてきたという事情もあって、住民投票についての本格的な憲法論もきわめて例外的であった。憲法の教科書で住民投票の憲法論

別表　条例制定による住民投票の結果

自治体	投票日	争点	投票率(%)	得票率(%) 賛成	反対
新潟県巻町	96.8.4	原子力発電所建設	88.29	38.55	60.86
沖縄県	96.9.8	日米地位協定の見直しと米軍基地の整理縮小	59.53	89.09	8.54
岐阜県御嵩町	97.6.22	産業廃棄物処理施設建設	87.50	18.75	79.65
宮崎県小林市	97.11.16	産業廃棄物処理施設建設	75.86	40.17	58.69
沖縄県名護市	97.12.21	米軍代替ヘリポート基地建設	82.45	8.14 条件付き 37.19	51.64 条件付き 1.22
岡山県吉永町	98.2.8	産業廃棄物処理施設建設	91.65	1.77	97.95
宮崎県白石町	98.6.14	産業廃棄物処理施設建設	70.99	3.77	94.44
千葉県海上町	98.8.30	産業廃棄物処理施設建設	87.31	1.66	97.58
長崎県小長井町	99.7.4	採石場新設・拡張	67.75	新設 50.39 拡張 51.90	新設 44.97 拡張 43.38
徳島県徳島市	00.1.23	吉野川可動堰建設	54.995	8.22	90.14
新潟県刈羽村	01.5.27	プルサーマル計画	88.14	42.52	53.40
埼玉県上尾市	01.7.29	さいたま市との合併	64.8	41.74	58.26
三重県海山町	01.11.17	原子力発電所誘致	88.64	32.40	67.26

（出所）朝日新聞2000年1月24日朝刊「条例制定による住民投票の結果」に刈羽村，上尾市，海山町を加筆修正して作成．

を展開しているものは皆無に近い。憲法学におけるこのような事態が、近時の住民投票論にみられるような憲法論を欠いたままたは不明確にした政策レベルの議論をもたらす一因となっていることは、否定しがたい。日本国憲法は、住民自治の名において、住民投票に肯定的・否定的、積極的・消極的、またはその他の態度をとっているか、拘束的住民投票に対して肯定的・否定的またはその他の態度をとっているか、についての検討をふまえていない議論の流行である。

(2) 行政法学の場合

行政法学には、住民投票について二つの対応がみられるようである。第一は、法的にみて、否定的、消極的な対応しかできないとするものである。第二は、おそらく近時の動向といいうるものであるが、より肯定的、積極的な態度をとることができるとするものである。

前者の代表例としては、塩野宏氏や原田尚彦氏の見解があげられる。塩野氏は、条例で正式のイニシアチブやレフェレンダムを導入できるかにつき、「憲法が基本構造として議会と長による首長主義を規定していること、自治法自体がこの点につき消極的態度をとっていることからすると、地方公共団体が単独で条例により、これらの直接民主主義的制度を導入することは違法であると解される」とする（『行政法Ⅲ』一九九五年・一五九頁）。原田氏も、「憲法や法律の規定を素直に読むと、やはり地方行政は、首長と議会がその責任でおこなうことを予定していると読まざるをえないし、またそれには相応の理由もある。……個別的政策をアドホックに住民投票で決めるというやり方には、行政の総合性と一貫性を妨げ首長や議会の権限と責任体制をおびやかすおそれがあるから、現行法体系との間に抵触が懸念されるのは、むしろ当然である」とする（「住民投票と地方自治」都市問題八七巻一号五頁、なお、原田『地方自治の法としくみ〔全訂二版〕』一九九五年・八二頁も参照）。

これらの見解においても、憲法論が具体的にどのようにふまえられているのか、はっきりしない。これらの見解によれば、条例のみで諮問的住民投票を導入することも、違法とされることになりそうである。

近時有力になりつつあるかにみえる第二の見解は、「間接民主主義を補充し活性化する手段として、いわばアンケートとして住民投票を利用することは許されると主張するものである。条例で『住民投票の結果は、長（ないし議会）を拘束する』とかけば違法だが、『長（ないし議会）は住民投票の結果を尊重しなければならない』とかけば、法解釈上の疑義は回避できるのではないかとするものである」（原田・前掲論文・都市問題八七巻一号五頁）。原田氏は、これを「いささか形式的詭弁論で釈然としないところもあるが、これが現在の大勢的解釈といってよいであろう」と評している（前傾論文・都市問題八七巻一号五頁）。

この「大勢的解釈」においても、それを支える憲法論が具体的に明らかにされているわけではない。それ故に、「そのような諮問的な制度であれば、特に現時点で立法措置を講ずるまでもなく可能であろう」として、拘束的投票制度を法律で設けることも可能だとする見解がこれに対置されている（「東京都・住民参加制度研究会報告書」一九九六年・四一頁、仲哲夫「住民投票制度の構想」都市問題八七巻一号二一一二頁を参照)。

三　住民投票制度の憲法論
——現行憲法下でそれを法律または条例で設けることができるか——

とくに問題になるのは、日本国憲法における住民代表制（住民と地方議会との関係）およびそれを支える住民自治（とそれを規定する国民主権の原理）についての理解の仕方である。

地方公共団体は、憲法上議事機関として議会をもち（第九三条一項）、法律上首長を議会による意思決定に関与させている（地方自治法第一七六条参照）。「議事機関」とは、「地方公共団体の意思を表明する機関」と解される。憲法上は議会が意思決定機関であり、首長は憲法上意思決定に当然に関与できる存在ではない。住民の直接選挙で選ばれた議会が地方公共団体の意思を表明する住民代表制がとられている。住民代表制との関係で問われている問題がある。「住民代表制がとられているから、住民投票制は認められないか」「住民代表制がとられているから、住民投票制は、認められるとしても、補助的、例外的でなければならないか、また諮問的でなければならないか」「拘束的住民投票を設けることは違憲か」。このような諸問題が、地方公共団体における住民代表制とそれを支える住民自治・国民主権との関係で、理論的に問われることになるだけでなく、近時の憲法政治との関係においても強く問われている。

1　現代における代表制・代表概念の転換

(1)　二つの代表制・代表概念の区別を

代表制と代表概念については、すでに若干ふれておいたが、ここではやや立ち入って検討しておきたい。国民代表制（住民代表制）は、近代とともに出現し現代さらには「現在」に至っているが、それは近代と現代ではその構造と概念を異にするものと一般的に解されている。その相違は、憲法学においては、古典的代表制・純粋代表制・議会主義と現代代表制・半代表制・議会制民主主義の表現をもって示されている。とくにヨーロッパにおいては、近代の代表制・代表概念は前者の表現をもって示され、現代におけるそれは後者の表現をもって示されている。それぞれ異なった構造と概念をもち、それ故にまたその意義を異にしている。

(i)　ヨーロッパ近代においては、国民代表制は、①国民代表（国会）が政治の基準となる国民の意思を法律等として形成表示する、②国民代表とその成員（議員）はその職務を有権者をふくめて何人《なんぴと》からも独立しておこなう（命令的委任の禁止＝自由委任や免責特権の保障はそのことの定型的表明である）、③被代表者は「全国民」である、ことなどを基本特色としていた。それは、直接民主制の代替物——直接民主制が不可能または実行困難であるところからそれに替るべきものとして認められる次善の制度——ではなく、政治的には、教育を受けかつ時間の余裕をもっている者による国家意思決定の制度として、直接民主制より質的に優れたものと解されていた。それは、法的には、成年者の総体または有権者の総体つまり「人民」を主権者としない主権原理（フランスの場合は

「国民主権《ナシオン》」、イギリスの場合は「議会主権」）のもとで、しかも制限選挙制度がとられ、有権者が少数でかつ同質の社会層からなっている状況下で可能となる代表制であった。このような代表制・代表概念は、イギリス・フランスをはじめとするヨーロッパ近代にみられたものであった。有権者集団の意思ではなく、抽象的観念的な「全国民」の意思を表明するものとして、アメリカ合衆国で「仮象（虚象）代表」（virtual representation）と呼ばれていることは、興味深い。

(ii)　近代の段階で、これとは異なった代表制・代表概念があったことにも留意すべきであろう。それは、「人民主権」を基礎にもつものであった。アメリカ合衆国は、近代の段階で、イギリス＝フランス型の国民代表制・国民代表概念と異なる「人民代表制」・人民代表の概念を導入していた。また、フランスの民衆層も、近代の段階で憲法に導入された前者と異なる後者の制度と概念を求め続けていた。すでにみておいたフランス革命期のサン・キュロット運動や一八七一年のパリ・コミューンは、その代表的事例であった。

①アメリカ合衆国の場合については、「主権は人民にあり、政治的代表は人民の代理人だという急進的な考え方である」「その理念はヨーロッパには一度もしっかりと根をおろしはしなかった。……現実に機能している政治的概念としては、それはアメリカだけのものである」とするA・バーチの指摘を再確認しておきたい。* 一七七六年のヴァージニア州権利章典の第二条は、「すべての権力は人民に属しており、したがって人民に由来する。統治の任にある者は、人民の受託者にして奉仕者であり、つねに人民に責任を負う」として、この考え方を直截的に表明している。また、一七

七六年のペンシルバニア州権利章典も、その第三条で人民のみが「自己統治の根源的で排他的な権利」をもつとしたうえで、その第四条で「すべての権限は、始原的には人民にあり、したがって人民に由来するものであるから、それ故に、立法権限であれ、行政権限であれ、それを担当する政府の公務員は、すべて人民の受任者、奉仕者であり、つねに人民に責任を負う」としていた。それは独立当時におけるアメリカのリーダーたちにほぼ共通する考え方であった。

＊　バーチのこのような指摘を裏づけるものとしては、以下の諸点をあげておきたい。

(1)　トクヴィルも、『アメリカにおける民主主義』において、アメリカ合衆国の政治ということになれば、「つねに人民主権の教義から始めなければならない」（第一巻第一部第四章）と述べていたことは、すでに紹介しておいた。

(2)　州議会議員の任期は短く、下院議員については大部分が任期一年であり、連邦議会の場合も下院議員は任期二年であった。人民による統制を短い任期制のうちに組み込んでいる。

(3)　州議会議員に対する有権者からの訓令は、初期にはあたりまえのようにおこなわれていた。タウン・ミーティングで代表を選んでいたところでは、とくに効果的かつ長期間にわたっておこなわれていた（たとえば J. H. Silbey, Encyclopedia of the American Legislative System, vol.1, 1994, p.8 を参照）。

(4)　連邦議会でも、有権者による訓令の慣行は、一九世紀を通じて、上院・下院ともにそれほど例外的ではなかった（ibid., p.12 を参照）。

(5) 政党が発達すると、議員は、有権者のみならず、政党からも、議会における行動を規律されるようになるが、「合衆国においては、有権者〔選挙区〕代表が支配的な風潮であった」(ibid., p.16)。

(6) 現在においても、「彼ら〔アメリカの議員〕には、全国民を代表しているというイギリス流の意識(これをvirtual representationという)はなく、それとは逆に、彼らは自己を特定の地域(つまり自分の選挙区)の代表者として位置づけている(これをterritorial representationという)ようである」(日本国際交流センター編『アメリカの議会・日本の国会』一九八二年・二九六頁)。このような考え方の基礎には、党の公認議員候補が、直接予備選挙(direct primaries)によって、つまり州または連邦の議員選挙区の予備選挙投票者によって決定され、党幹部によって決定されてはいないという候補者選定の手続があるといわれる。

② 「人民主権」「人民代表制」の問題を、近代の段階でもっとも立ち入って検討したのは、フランスの民衆層であった。その要点が以下のようであったことを再確認しておきたい。

ⓐ人民のもつ主権は、国家の統治権自体を意味する。統治権の所有者を国家と呼ぶならば、人民即国家である。

ⓑ主権者・人民は、政治に参加できる年齢に達した者(市民)の総体を意味する。このような人民は、みずから主権を行使して、国家意思を決定し、それを執行することができる。しかも、「人民主権」のもとでは、国家意思・国家利益となる人民の意思・利益は、それを構成する市民の意思・

利益の集積と考えられている。そこでは市民は、主権の行使に参加する固有の権利をもち、直接民主制が政治の原則となる。

ⓒ何らかの理由で代表制をとる場合にも、それは直接民主制の代替物として、議員が直接普通選挙で選ばれ、人民またはその単位の意思に拘束され、それに対して政治責任を負うことが求められる。人民代表は、人民の意思を自由に形成表示する地位にはなく、実在する人民の意思を確認して法としなければならない立場にある。

ⓓ決定された人民の意思（法）の執行を担当する者も、人民の権力の担当者として、人民によって選任・統制され、人民に政治責任を負う。

このような考え方は、ヨーロッパ近代において憲法上の制度とされた国民代表制・国民代表概念に対置し、その変革に大きな影響を与えた。

(iii)　ヨーロッパ近代において支配的であった国民代表制・国民代表概念は、普通選挙またはそれに類する選挙制度で国民代表府の成員が選挙され、有権者集団としての人民が政治の在り方を左右する存在として政治の場に登場するようになると、大きく転換する。近代末期から現代の初頭にかけて、国民代表制の二つの母国、イギリスとフランスで、古典的代表制（純粋代表制、議会主義）の動揺と現代代表制（半代表制、議会制民主主義）の登場を告げる記念碑的な著書・論文が公刊された。A・V・ダイシーの『憲法研究序説』（A. V. Dicey, Introduction to the study of the law of the constitution, 1885）とA・エスマンの「二つの政治形態」（A. Esmein, Deux formes de gouvernement,

Revue du droit public et de la science politique en France et à l'étranger（以下、RDP と略記する）1894）である。いずれもが、「人民主権」論とのその担い手の影響の強化に伴って、伝統的な国民代表制・国民代表概念が大きく変化しつつあることを指摘していた。

ダイシーは、イギリスの場合につき、法的には「議会主権」がとられているにもかかわらず、人民が政治的主権者（political sovereign）として登場することにより、国民代表制の在り方が、以下のように転換したとしていた。「代表制の要点は、立法府が……選挙人団つまり国民〔人民〕の意思を表明しまたは実行しなければならないことである」（Dicey, op.cit., 9th ed., pp.429-430）と述べ、「近時においては、議会の解散に関する諸ルールは、他の憲法習律と同様に、国の真の政治的主権者としての選挙人団の最終的な優越性の確保を狙いとしている」（Dicey, op.cit., pp.429-430）と述べていた。

また、フランスのエスマンは、一八九四年に『公法政治学雑』の創刊号に発表したその記念碑的論文「二つの政治形態」において、従来の「純粋代表制」「古典的代表制」が「半代表制」「現代代表制」にとってかわられる傾向にあることを指摘していた。この後者においては、前者の場合と異なって、「代表制は、事実、第二のそしてまったく別の方法で理解運用されることが可能である。代表制は、そこではもはや直接民主制の代替物にすぎず、直接民主制自体が矯正剤としてまた補完物としてときおり入りこんでくる」「この政治形態は、その淵源をジャン・ジャック・ルソーの理論〔人民主権論〕のうちにもっている」「半代表制は、ただ一つの目的を追う。選挙人の多数によって表明された真の国民意思を可能なかぎり正確に表明し執行することである」(Esmein, op. cit., RDP 1894, pp.24-25)。

このような新しい国民代表制の理解の仕方、国民代表の概念は、その後に学界一般に広く受容されていった。その背後にそれらを支える政治の新しい動向があったからにほかならない。

(2) 代表概念の転換の法学的正当化論

現代における国民代表制・国民代表概念の転換が法学的にどのように正当化されているかにつき立ち入って検討している余裕はない。ここでは二つの異なる方法でおこなわれていることだけを指摘しておきたい。

第一は、憲法がすでに「人民主権」の原理を導入していることを理由とするものである。すでにみておいたアメリカ合衆国の場合やフランスのサン・キュロット運動、一八七一年のパリ・コミューンの事例などからも明らかなように、「人民主権」原理が導入されていれば、そのもとでの代表制が人民の意思を確認表明すべき人民代表制となるのは当然のことである。たとえば、カレ・ド・マルベールは、一九三一年の論文では、フランス憲法が「人民主権」を原理として(フランスの議会制の基礎には「人民主権」を宣言する一七八九年人権宣言があるとする)、議会制と直接民主制の並立を容認し、さらに議会の可決した法律についての「人民拒否」の制度と「人民発案」の制度により人民による立法の実を確保することが不可欠だとしていた(Carré de Malberg, Considérations théoriques sur la question de la combinaison du referendum avec parlementarisme, RDP 1931, pp.230 et s.)。

第二は、ダイシー的正当化論ともいうべきものである。さきに簡単に紹介しておいたところからもわかるように、彼は、イギリスの場合、法的には議会主権が維持されているにもかかわらず、一九世紀末の選挙制度改革等により、選挙人団に結集した人民が主権者意識をもつ「政治的主権者」となると、国民代表の概念が人民の意思を確認表明すべきものに転化し、議会の解散についてもそれに適合的な新しい憲法習律が出現したとする。国民の憲法意識の変化、それに伴う新しい代表概念と憲法習律の形成という正当化論である。

日本国憲法のもとにおける法的正当化論が問題になる。日本国憲法は、第一の方法で対応できるほどにその法的正当化のための手掛りを用意している。たとえば、①日本国憲法は、「国民主権《ナシオン》」や「国民代表制《ナシオン》」(古典的代表制)の象徴的規定である「命令的委任の禁止」(自由委任)の規定を欠いている。②日本国憲法は、「人民主権」や「人民代表制」にこそふさわしい公務員の選定・罷免権を「国民固有の権利」と規定している(第一五条一項)。この国民が「人民」を意味していることは、おそらく否定しがたい。③それは、国民(人民)の役割を議員の指名に限定せずに、憲法改正などの重要問題について、国民(人民)投票制度などの直接民主制を用意している。④それは、また、「国民のため」の衆議院の解散制度も用意している(第七条三号)。これらの諸点を考慮することなく、それらの諸点と異なった規定や制度を用意しているヨーロッパ諸国の憲法にならって、日本国憲法に「人民主権」や「人民代表制」を否定することには問題がある。日本国憲法が、アメリカ合衆国の影響下で制定されたことおよび同国が「人民主権」を憲法原理としていることをも考慮すれば、ヨーロッパ諸国の現代憲法とも異なる日本国憲法の上記のような諸特色は、日本国憲法が「人民主権」「人民代表制」をとっていることの証、と解すべきであろう。また、日本国憲法の英訳が主権者・国民をpeopleと表現していることや、総選挙が終わればほぼ例外なしに「主権者の判断が下された」とする国民の意識状況からすれば、なおさらのことであろう。

たしかに、日本国憲法が国民主権を宣言しているにもかかわらず、日本では学界もがその国民主権について本格的な検討を回避する状況が続いている。明治憲法下では、主権原理についての本格的な研究はタブーであったし、その故もあって研究水準も低かった。その水準と逃避的な姿勢は、グローバリゼーションの進行などを隠れみのとして、現在も維持されている。そのような事情もあって、日本国憲法の国民主権が「人民主権」を意味するかどうかも十分に論じられていない。しかし、かりに同憲法の国民主権を「人民主権」と解さない場合であっても、ダイシーが、「議会主権」を前提としつつも、人民が「政治的主権者」として登場し憲法政治に不可逆的な影響を与えている現実をふまえて、代表概念等の転換を説いたこと、その後世界的な規模で代表制論がその方向に展開していることに目を閉じているわけにはいかない。そのような態度をとり続けるならば、中央においても地方においても、反国民的・反住民的な「議会制の病理」状況の蔓延に手を貸すだけのこととなるであろう。

2　現代代表制の具体化

日本国憲法の国民代表制・住民代表制も、現代代表制（議会制民主主義）であり、それと異なるものと解すべき合理的な理由はない。それは、「直接民主制の代替物」として、成年者の総体としての人民（住民）の意思を法律・条例等として確認表明すべきものである。それ故に、それには具体的には、以下のような諸制度が求められることになるはずである。

(1)　直接普通選挙制度による議員の選任

議員は、直接普通選挙制度によって選任される。財産・教育・性別等年齢以外の要素によって選挙権・被選挙権を制限する制限選挙制度による場合は、議会を通じて人民・住民の意思が表明されることは保障されないからである。普通選挙制度であっても、有権者意思を歪んで表明しがちな間接選挙制度のものは、同様の理由で認められないものと解される。日本国憲法は、第一四条一項、第四四条但書、第九三条二項等でこの要求を確認的に充足している。

(2)　社会学的代表制の原則

実在する人民・住民の意思は、一枚岩的ではなく、多様である。議会が人民・住民の意思を法律や条例等として確認表明するには、選挙人団に結集した人民・住民の多様な意思を議会構成に公正・忠実に転写する選挙制度が必要となる。正確に転写できない選挙制度のもとでは、議会は「壊れた鏡」となり、民意を確認表明しがたい。「社会学的代表制」が必要となる。「議会構成が民意の分布状態の縮図となることを保障する」代表制である。この種の代表制は、イギリスやフランスで提唱されたものであるが、その名称はフランス憲法学に由来する。この要請は、日本国憲法の代表制に内在するものとして、日本の憲法学に受容される傾向にある。たとえば、宮沢俊義氏が「議会が『代表』的性格を有するとは……国民全体のうちに現に有する各種の政治的意見ないし傾向の少なくとも支配的なものが、議会で議員の行動において、具体的に主張されうる最大限の公算が存することをいう」と述べていたことは、よく知られている（宮沢「議会制の生理と病理」『憲法と政治制度』一九六八年・三六頁）。また、芦部信喜氏が、日本国憲法第四三条一項の「代表」が「社会学的代表」を含意していると解していたことも同様である（有倉遼吉・小林孝輔編『基本法コンメンタール・憲法』第三版・一八四頁）。このような指摘は、両氏にかぎられない。★

★　これに対して、現代代表制が「直接民主制の代替物」でなければならないところから、「社会学的代表制」までが当然に求められるか、については、それを否定する見解もある。人民・住民の多数の意思が議会を通じて表明されることの保障があれば足りるのであるから、社会学的代表制と両立しない多数代表制（有権者のなかの多数派のみが議会に議員を送る選挙制度）、その典型である小選挙区一回投票制（一つの選挙区から一名の議員のみを一回の投票により比較多数で選出する選挙制度、つまり第一位の候補者のみが議員となり、第一党のみが議会に代表をもつ選挙制度）で議員を選任しても問題はないとするものである。現に、イギリスやアメリカは、この小選挙区制によって議員を選挙している。それに、この制度は、社会学的代表制の典型である比例代表制の場合と異なって、小党分立をもたらさず、政治を安定させるという長所もあり、また政権交代のためにも役立つといわれている。しかし、小選挙区一回投票製には、致命的ともいうべき欠陥がある。

現代の代表制が「直接民主制の代替物」となることを最重要の原則としているにもかかわらず、この小選挙区制のもとでは、その原則を確保することが不可能なほどに難しいことである。この小選挙区制のもとでも、当選者が有効投票の過半数によって選ばれていれば、次の「半代表制」と相まって、民意による政治が貫かれることになる。しかし、この小選挙区制で当選者が有効投票の過半数で選ばれることは、原則として、主要な社会的政治的対立軸が一つしかなく、人民の意思・利益が截然と二つに分かれかつ二大政党しか存在しない国や社会にかぎられる。だが、そのような国や社会は、ほとんど存在しない。ほとんどすべてが、複数の、それも三つも四つも主要な社会的政治的対立軸をもち、本来多党制になりがちである。

そのような複数の対立軸をもつところでは、第一党は、得票率において有権者の過半数の支持をえることができず、その結果、過半数の議席をえても、人民の少数による支配の実体を免れないことになる。「直接民主制の代替物」の内実を欠く。たとえば、労働党が記録的な勝利（六五九議席中四一九議席を得る）を収めた一九九七年のイギリス総選挙でも、同党の得票率は四四・四％にとどまり、野党の得票率の合計に達していない。二〇〇一年の総選挙でも、同党は大勝し、六五九議席中四一三議席をえたが、その得票率は四〇・八％であった。イギリスでは、第二次世界大戦後のすべての総選挙で五〇％を超える得票率をえた政党は存在しないという。イギリスは、つねに「人民の少数の代表」によって支配されてきたといえなくもない。

一回投票制の小選挙区制は、このようにして、得票率五〇%未満の第一党による支配を常態化する。それは、現実には「直接民主制の代替物」を保障できない非民主的な装置となっている。それ故に、「直接民主制の代替物」を求める現代代表制下においては、多くの国が小選挙区一回投票制を放棄しまたはそれを大きく制限するに至っている。たとえば、ヨーロッパでは、近時ほとんどすべての国が比例代表制を導入するに至っている（フランスも小選挙区制をとっているが、それは、有効投票の過半数をえた者だけが当選者となるよう、小選挙区二回投票制として具体化されている）。現代代表制下では、選挙制度の問題は、たんなる立法政策の問題ではない。

たしかに、比例代表制を典型とする「社会学的代表制」の下では、小党が分立して政権が不安定になるとか、小選挙区制の方が政権交代を容易にするといわれる。

①小選挙区一回投票制のもとでは、第三党以下は現実には当選可能性をもたず、二大政党制がもたらされやすい。しかし、政党の数は本来有権者のなかにおける意見・利益の在り方のいかん（主要な社会的政治的対立軸の数いかん）によるものであるから、結社の自由・「直接民主制の代替物」の原則のもとでは、選挙制度はその状況に適合的なものでなければならないはずである。有権者内に多様かつ重大な意見・利益の対立があるにもかかわらず、小選挙区制で二大政党制を創出しようとすることは、本末転倒であり、結社の自由・「直接民主制の代替物」原則に反するということになる。

②小選挙区一回投票制は、第三党以下の当選可能性を事実上否定し、かつ「三乗比の法則」によって第一党に過大代表率をもたらし、第一党による安定した政治を保障するかのようにみえる。しかし、第三党以下の当選可能性を事実上奪うことは、多くの場合、社会に実在する有力な意見や利益を封殺

し、議会に現れてこないようにすることである。また、「三乗比の法則」——イギリス小選挙区制の経験では、二大政党制の場合、二つの政党の得票の比率がA対Bであれば、両党の議席の比率はA^3対B^3になるといわれる——によって、第二党は大きな過小代表となる。このようにして、そこでは、過大代表の第一党が得票率五〇%未満にもかかわらず、議席の多数をえて政治を指導することになる。議会を通じて公の意見となりえなかった有権者内の多数意見は、第一党が積極的に妥協をしようとする場合を別として、議会外で議会の多数党の行動を批判するほかはなくなる。このように、小選挙区一回投票制は、政治的な安定をもたらすものではなく、その不安定をもたらすものになりかねない。「直接民主制の代替物」の原則のもとでは、社会内の主要な意見・利益に、その力にみあった議会への代表派遣を保障し、民意をふまえて議会で妥協をはかる以外に政治的な安定を確保することができないはずである。

③小選挙区一回投票制と政権交代とは、直接の関係はない。この小選挙区制下では、二大政党間で票が移動すれば、「三乗比の法則」によって、両党間の議席率と両党関係を激変させる。しかし、政権交代は、この小選挙区制下でも、原則として両党間で得票率が逆転しないかぎりおこらない。それどころか、この小選挙区制については、第一党が、第一党の地位を保っているかぎり、得票率で過半数を割っても、その地位をもっとも効果的に保つことができる制度であることを忘れてはならない。この小選挙区制の導入にとくに固執するのが、得票率で過半数を失い議席率でも過半数を失いかけている第一党であることは、このことをよく示している。

(3) 半代表制の原則

現代代表制においては、選挙の意味も転換している。それは、議員の選任のほかに、重要な政治問題につき方針の決定手段としての意味をもつことも求められている。「半代表制」の要請である。選挙は、古典的代表制（純粋代表制）では、議会・議員に重要な政治問題の処理の方針についても白紙委任（自由委任）する機会であったが、現代代表制では、それを公約として人民・住民に提示してその判断を求める機会とすることが求められている。その判断をえていない場合には、議会を解散して人民・住民の判断を求めなければならない（日本国憲法が、衆議院について、「国民のため」の解散制度を導入していることは、ダイシーの指摘ともかかわって注目に値する）。選挙は、公約に関するものとして、契約類似の意味をもつことになる。西欧諸国の選挙が公約選挙となっているのは、比例代表制をとっていることからの当然の帰結であるが、この意味でも当然のことである。宮沢俊義氏は、「六〇年安保」の年の日本公法学会の総会報告「議会制の生理と病理」で、「議員を選挙されるものとしながら、議員を選挙民ないし選挙区の支配の下に立つことを否定することは背理である」として、議員が選挙民の bellboy, messenger boy, errand boy の役割を果すことすら、政党が発達し有権者の自覚が深まった議員制の予測するものではないか、と説いていた。「半代表制」の確認である（宮沢・前掲論文・『憲法と政治制度』三七頁）。

多数党が「半代表制」の要請を無視して、重要な政治問題の方針を決定した場合には、人民・住民は、リコールや解散請求などのもろもろの直接請求の手段を使って対処することのほかに、何よりも次の選挙で多数党を交替させることを含めた厳しい対応の仕方を求められる。そのような流動的な民意の存在は、現代代表制に不可欠の条件である。*

* 一九四三年の「インド憲法改正に関する〔イギリス〕議会両院合同委員会報告」は、「いかなる政党にも永続的な忠誠を誓わす、したがって一方または他方における法外な動きに本能的な反対をすることによって〔議会制民主主義という〕船を水平な龍骨のうえに保つことができる、流動的な政治的世論の存在」を議会制民主主義の要件の一つだとしていた（引用部分は、E. C. S. Wade, Constitutional Law. 1955, p.14による）。重要な指摘である。

(4) 知る権利の保障

現代代表制においては、人民（住民）が大きな役割を果たしている。しかし、人民（住民）は、政治についての必要な情報なしには、その期待されている役割を果たすことができない。「知る権利」の具体的な保障が不可欠の条件となる。

人民が、統治権の所有者として、統治権の行使の主役となる「人民主権」の体制においては、「知る権利」の保障は当然のことと考えられてきた。たとえば、ロベスピエールは、すでに一七九三年四月二九日に国民公会に提出した人権宣言草案のなかで、「人民は、その受任者〔公務員のこと〕の活動のすべてについて知る権利（droit de connaître）をもつ」（第三四条第一文）としていた。

また、フランスの一七八九年人権宣言の第一五条も、「社会は、すべての公務員に対して、その行政につき報告を求める権利をもつ」として、市民の知る権利を認めていた。

日本国憲法の国民主権が「人民主権」を意味し、その一環として地方公共団体で住民自治がとられているのであれば、「知る権利」の保障は、当然のこととなる。かりに、その点について消極的であるとしても、現代代表制が「直接民主制の代替物」となることを求められているところからすれば、その保障が不可欠となることは否定できない。日本国憲法下の政治においては、その国民主権・国民代表制についての本格的な検討の欠落の故もあって、いまもって市民・住民の知る権利は、法令上においても、また原則として条例上においても、認知されていない。また、それとかかわって、情報公開を認める法律や条令において情報公開の例外が必要最小限とされているかも問題となる。人民（住民）を政治の主役の地位においているのが、現代代表制である。そのことを忘れて、あいまいな基準で、市民・住民に対する情報の提供を回避してはならない。

(5)　罷免権の具体的保障を

日本国憲法は、他の現代市民憲法と異なって、「命令的委任の禁止」（自由委任）の規定を設けずに、公務員の選定・罷免権を「国民固有の権利」と定めている（第一五条一項）。①「国民固有の権利」とは、主権者・国民だけがもっている、他に譲渡できない権利という意味である。②公務員の選定・罷免権の保障は「人民による、人民のための政治」を確保するためのものである。③公務員が反国民的な行動をしていても、国民がその公務員をやめさせることができないとすれば、国民主権（人民主権）とも矛盾することになる。この①②③からすれば、公務員、とくに政治についての基準の決定に関与する公務員やその執行について裁量権をもつ公務員（国会議員・地方議会議員や国務大臣・首長など）について罷免制度を設けることは憲法上の義務となる、というべきであろう。* 地方公共団体については、不十分であれ法律で相当に具体化されているが、中央政府の場合については、いまなおそのための法律はない。ここでも、国民主権・国民代表制についての立ち入った検討の欠落が問題となる。

たしかに、中央集権体制が当然のこととされ、かつ「利益誘導政治」が常態化している現状においては、選挙区に利益誘導をすることができるほどの実力者を選挙区の有権者が事実上罷免できなくなることも否定できない。有権者がそのような事態に陥ることがないようにするためにも、利益誘導自体を最小限にする地方公共団体優先の事務配分の制度（市町村最優先・都道府県優先の事務配分の制度）およびそれにみあった自主財源配分の制度を具体化しておくことが必要となる。

＊　日本の憲法学は、罷免権の具体化には、これまで一貫して消極的であった。「人民主権」「人民代表制」を理解せず、それ故にまた日本国憲法の国民主権・国民代表制を「人民主権」「人民代表制」と解することができなかったためであろう。しかし、すでに一九五〇年代に以下のような見解が展開されていたことも忘れてはなるまい。「国民は、公務員の選定罷免権を通じて、はじめて主権の把持者で

ある地位を確保しているのである」「国民が公務員を選定罷免するという原則も、かならずしもすべての公務員が国民によって直接選ばれなければならぬという意味ではない。もし国民によって選ばれた公務員がさらに他の公務員を選定し、かくして間接にすべての公務員が、国民の意思に基づいて、その地位にあるということになれば、本条の趣旨はある意味で満たされているということができる。しかしながら、罷免権は、選定権とは性質が違う。もし国民が、自らの欲しない公務員が、その地位にあるのに対して、一指も触れることができないとすれば、それは国民主権の本旨にそわないといわなければならない。この意味で、現行法の認めている公務員の国民による罷免の制度は、はなはだ不充分であるというべきである」（鵜飼信成『憲法』岩波全書一一九・一九五七年・一五四〜一五五頁）。

3　現代における代表と直接民主制——日本国憲法の場合について

「現代代表制」についての検討がやや長くなってしまったが、現代代表制・その代表概念は、「古典的代表制」・その代表概念と異なっている。したがって、その点についての検討をふまえることなく、代表制を導入していることを理由に、日本国憲法が国民投票や住民投票などの直接民主制に否定的、消極的な態度をとっていると決めつけることは、合理的ではない。

現代代表制は、古典的代表制の場合と異なって、直接民主制と対立し、それを排除しようとするものではない。それは、直接民主制が実行困難であるところから、次善の策として認められているもので、その代替物となることを求められている。したがって、憲法上直接民主制を排除する明示的な規定がなければ、法律等でそれを導入することは、許されているだけでなく、一定の状況においては、「人民による、人民のための政治」の確保のために積極的に求められるはずである。立法府・行政府間の対立の問題、代表機関の機能不全の状況、そのような状況下における民意を二分するような国民（住民）生活にとっての重大問題の処理などが考えられる。

しかし、日本国憲法下においては、憲法の規定の仕方の問題もあって、直接民主制の問題とくに立法に関する直接民主制の問題については、中央政府の場合と地方公共団体の場合を分けて検討しなければならない。

(1) 中央政府の場合

日本国憲法の国会制度のもとで、法律の制定のために国民投票制を法律で設けることができるかどうかが、とくに問題となる。

まず、以下のような憲法の諸規定に留意しなければならない。

①第四一条が、国会を「国の唯一の立法機関」としていることである。この規定は、通常、「国会による立法独占の原則」（国会のみが実質的意味での立法*をおこなうということ）と「国会による単独立法の原則」（国会による立法作用が国会のみで完結し、他の機関の関与を要しないということ）を意味すると解されている。

＊　立法については、形式的意味と実質的意味の二つを区別しなければならない。形式的意味の方は、国家作用としての立法の主体または形式に着目するもので、国会のおこなう作用を立法と呼びまたは国法のうち「法律」の形式のものを制定することを意味する。これに対して、実質的意味の方は、国家作用の内容・性格に着目するもので一定の内容・性格をもつ法規範を制定することを意味する。憲法第四一条で問題になるのは、第六五条の「行政」と第七六条一項の「司法」との関係つまり権力分立制において問題となる意味であるから、当然に実質的意味での立法の概念である。つまり、第四一条の立法の概念で問題になるのは、内閣・裁判所との関係で国会の守備範囲を明らかにすることであるから、国家作用のうちどのような内容・性格の作用が立法であるかという実質的意味の方にならざるをえない。国民を対象とする政治との関係では、国民は法的に平等であるから、立法は原則として、その基準となる一般的抽象的法規範つまり全国民を対象とする法規範を制定することと解される（ただし、日本国憲法においては、形式的平等だけではなく、実質的平等を求める社会国家・福祉国家の理念が導入されているから、その観点から社会経済的強者のみの経済活動を特別に制限する法規範〔たとえば私的独占禁止法〕や社会経済的弱者のみを特別に保護する法規範〔たとえば生活保護法・最低賃金法〕のような国民の一部のみを対象とする法規範を制定することもできる）。しかし、国民を直接の対象としない政治もあり、その基準を定めることも立法の守備範囲に入る。この点をも含めると、実質的意味での立法の概念は、具体的な政治の基準を定めることということになる。

②第五九条一項が「法律案は、この憲法に特別の定のある場合を除いては、両議院で可決したと

き法律となる」と定め、憲法は、その例外を、第五九条二項以下の場合（衆議院で可決し参議院で異なった議決をした法律案について衆議院が特別多数で再可決した場合、両議院協議会の手続きをとってその協議会案を両議院で可決した場合）、第九五条の場合（一の地方公共団体のみに適用される地方特別法を当該地方公共団体の住民投票にかけて制定する場合）、第五四条二項・三項の場合（参議院の緊急集会で法律を制定する場合）、および、予算を法律と考えると、第六〇条二項の場合（予算については通常の法律の場合と異なって衆議院の優越が認められ、一定の場合には衆議院のみで予算につき国会議決をすることができる）に限定している。

これらの憲法規定からすれば、法律で拘束的国民投票制度を設け、その制度によって法律を制定することはできないということになる。憲法が、国民投票制度による法律の制定を認める「特別の定」を設けていないからである。

繰り返し述べてきたように、日本国憲法の国民主権は、「人民主権」と解される。そこでは、成年者の総体としての国民（人民）が統治権の所有者であり、しかも、「人民による、人民のための政治」が徹底しておこなわれることが求められている。したがって、そこでは、国民投票による法律の制定は、主権者・国民による法律の制定として、当然に許されているはずである。なぜ、法律で国民投票による法律制定の制度を設けることができないか、なお問題となる。しかし、立憲主義のもとでは、主権者といえども全能ではなく、自らの定める憲法で自らの行動を制約できる。

国会、内閣、裁判所等は、統治権の所有者（国民）ではないから、憲法を通じて主権者・国民からはっきりと認められている権限（事務）しかおこなうことができない。たしかに、主権者・国民は、統治権の所有者であるから、この種の制限をもっていない。しかし、国民といえども、憲法に従って「政治をする」（統治権を行使する）ことを自らの法的建前としているのであるから、憲法がはっきりと禁止または制限していることはできないことになる。日本の場合、国民の名で制定された日本国憲法が、国会を「国の唯一の立法機関」（第四一条）と定め、第五九条一項で法律案は、「この憲法に特別の定のある場合を除いて、両議院の可決したとき法律となる」とし、「地方特別法」の場合を別として、国民投票による法律の制定につき「特別の定」を憲法に設けていない。憲法による制限がある（国民が自制をしている）と解さざるをえない。

しかし、なお、日本国憲法の国民代表制が、「人民主権」下の「人民代表制」「現代代表制」を意味しているところからすれば、それは、「直接民主制の代替物」として、実在する民意を法律として確認表明することができるよう、①「社会学的代表制」（国会議員の選挙制度が民意の分布状態を国会の構成に縮図として反映できるものであること）、②「半代表制」（国会議員の総選挙が、議員の選任に加えて、重要な政治問題についての処理の基本方針の決定手段としての意味をもつよう、公約選挙の手法をとること、国会の役割は総選挙で承認された方針を具体化することにあること）、③衆議院解散制度の善用（国会が前回の総選挙で国民に提示してその承認をえておかなかった重要問題を処理しようとする場合には、衆議院を解散して国民の承認をえるようにすること）、④国民の知る権利と情報公開制度等の保障は、当然のこととなる。すでにふれておいたように、これらについての保障を欠くと、国会は

「直接民主制の代替物」として機能することができない。

「直接民主制の代替物」としての「現代代表制」の観点からすれば、それらに加えて、とくに国論を二分しかつ国民生活を大きく左右するようなとくに重要な問題については、諮問的国民投票の利用を積極的に考慮すべきであろう。一九七八年二月三日、当時の真田秀夫内閣法制局長官は、衆議院予算委員会で、個別事案について、国民全体の意思を参考とするために、それを国民投票に付するという制度を設けても憲法に違反しない、旨の答弁をしているが、古典的代表と異なる現代代表制の意義を念頭におくものとして、注目に値する。憲法上、「人民主権」「人民代表制」、「現代代表制」がとられているにもかかわらず、法律の制定について拘束的国民投票の導入が制限されているると解されるだけに、この点も軽視するわけにはいかない。

なお、これまで検討してきたことは、国会の立法権との関係における国民投票の制限の問題であった。立法以外の問題については、憲法第四一条や第五九条一項のような制限は設けられていない。したがって、たとえば、条約の承認、決算の承認、内閣の不信任、衆議院の解散などの諸問題については、国民の直接参加を考える余地があるものと思われる。

(2) 地方公共団体の場合

(i) 中央政府の場合と異なる憲法上の条件

地方議会が住民の直接普通選挙による議事機関(意思決定機関)として住民代表の地位にあるこ

と、およびその基本的性格を規定する国民主権原理・その地方的表現としての住民自治からみて、それが「古典的代表制」「純粋代表制」ではなく、「現代代表制」「半代表制」を前提としていることについては、さして異論はあるまい。この意味では、地方議会も、国会と異なった性格をもっているわけではない。「直接民主制の代替物」として実在する民意を確認表明すべき立場にあり、それ故に、**三**の**2**で国会についてみておいたようなことが、地方議会についても求められることは、否定できないであろう。

しかし、地方公共団体の場合、立法と直接民主制との関係では、憲法上、中央政府の場合と明らかに異なった条件をもっている。

①地方公共団体の場合には、立法について拘束的国民投票を排除する憲法第四一条の「国の唯一の立法機関」のような規定や、同第五九条一項における立法手続の例外についての厳しい限定が存在しないことである。これらの制約は、国会による「国の立法」についてのものであって、地方公共団体の立法に及ぶものとは解されない。また、「地方自治」の章には、この種の規定は設けられていない。

②憲法第九五条は、一の地方公共団体のみに適用される「地方特別法」の制定について、その地方議会の同意ではなく、「その地方公共団体の住民投票においてその過半数の同意」をえることを要求している。上記の①をも考慮するならば、日本国憲法は、地方公共団体の意思の決定については地方議会による意思決定を当然のこととしているわけではなく、とくに重要な問題については、

住民自身による意思の決定を重視しているものと解される。日本国憲法の制定時に、憲法問題担当の国務大臣金森徳次郎は、「その地域の住民に特に十分なる発言権を持たせる」ために設けられたものであり、「その考え方が最も民主政治の本体に適合する」と述べ、住民自治、それも直接の住民意思による政治の観点を強調していた（一九四六年七月六日、衆議院憲法改正特委）。

この①②のような憲法における対応の相違は、地方公共団体が、中央政府の場合と異なって、直接民主制になじむ条件をもっていることに配慮してのことであろう。*

なお、「地方特別法」について、住民投票を求める憲法第九五条は、「全国民の代表」としての国会の立法が原則として全国民を対象とする「一般的抽象的法規範の定立」であるべきことを、形を変えて確認するもの（特定または一部の地方公共団体のみを対象とする法律は、国会のみでは制定できないし国会の処理できる事項ではない）として、注目に値する。憲法第四一条・第四三条一項から明らかなように、国会の立法機能は原則として全国民を対象とする一般的抽象的法規範の定立に限定されているから、特定または一部の地方公共団体（の住民）のみを対象とする政治の基準の定立は、本来当該地方公共団体が担当すべきであることの確認である。

* 日本国憲法は、憲法改正につき、国民投票を要求している（第九六条一項）。この意味では、国民（人民）も、立法者の地位にある。しかし、国民（人民）が通常の立法活動を厳しく制限されていることは、⑴でみておいたとおりである。中央政府における立法についての直接民主制の困難性を考慮

してのことであろう。

③このような地方公共団体の意思決定の在り方とかかわって、地方自治法の第九四条と第九五条が問題となる。すでにみておいたように、これらの規定は、町村の場合につき、条例で、議会をおかずに有権者の総会（「町村総会」）をもって議会にかえることができるとしている。意思決定についての全面的な直接民主制の承認である。日本国憲法が、「古典的代表制」「純粋代表制」的な代表制にこだわり、直接民主制に否定的または消極的な態度をとっているとすれば、このような制度の創設を認める法律は違憲または不当ということにならざるをえないはずである。しかし、地方自治法のこれらの規定を違憲または不当とする見解は、存在しないようである。

(ii)　拘束的住民投票制を条例のみで設けることの可否

①町村の場合には、法律が明示的に認めていないにもかかわらず、条例のみで、条例の制定改廃を含む拘束的住民投票制を設けることを違憲・違法とすべき合理的理由はないものと解される。地方自治法では、町村につき、条例で議会にかわる町村総会の創設を認めており、それを合憲とするのが大勢である。町村の意思決定につき、全面的な直接民主制が憲法上および法律上可能であれば、そのための部分的・個別的な直接民主制を条例で設けることが許されないとする理由は、憲法上も法律上も原則としていないはずである。もちろん、当該地方公共団体で処理できる事務であること、

住民投票になじむ事項であること、住民投票（国民投票）の悪用形態としてのプレビシット（plébiscite）にならないための諸条件を具備していることなどの制約があることは、いうまでもない。

町村の場合、諮問的住民投票については、これを条例で設けることを違憲・違法とする方がはるかに困難だと解される。

②市と都道府県の場合、条例で拘束的住民投票を設けるために、地方自治法の第九四条・第九五条を援用することはできない。右の第九四条・第九五条は、住民総会の設置を町村に限定している。しかし、日本国憲法の代表制――「直接民主制の代替物」としての代表制、「次善の策としての代表制」――の観点からすれば、また、それを支える国民主権やその地方版である住民自治の原理からすれば、憲法とそれに適合的な法律に拘束的住民投票制の導入を禁止または制限する規定がないかぎり、条例でそれを設けることは可能と解すべきであろう。

国民主権（「人民主権」）のもとにおいては、国民（「人民」）は、統治権の所有者であるから、憲法上明示的な禁止規定や制限規定がないかぎり、法律で国民投票の制度を設けて法律を制定することができる（日本国憲法上は、すでにみておいたようにそれを明示的に制限する規定があるから、第九五条の場合を別として、それをすることができないと解される）。憲法上自治を保障されている地方公共団体の住民は、地方公共団体における主権者ともいうべき存在である。当該地方公共団体が担当している事務については、憲法上住民投票による処理を明示的に禁止または制限する規定がないかぎり、条例で住民投票制を設けて、それにより問題を処理することができるはずである。憲法上、それを明示的に禁止または制限する規定はない。

法律との関係も同様に解される。「地方自治の本旨」に地方公共団体優先の事務配分の原則（市町村最優先・都道府県優先の事務配分の原則）と市町村に対する「全権能制の原則」（都道府県に対しても、中央政府との関係では類似の原則が認められる）が含まれているとすれば、地方公共団体の担当する事務について、条例で住民投票制度を設けることを法律で禁止または制限することは、原則として「地方自治の本旨」に反することになるであろう。とりわけその「自治事務」をどのような手続で処理するかは、各地方公共団体が、住民自治の原則をふまえて、みずから決すべきことである。たしかに、旧い伝来説的な考え方に立てば、条例等の制定の手続も法律で定められることになる。しかし、日本国憲法下でその考え方をとることに根本的な疑問があることは、すでに繰り返し述べておいた。

市・都道府県の場合にも、条例で拘束的住民投票制を導入するにあたっては、町村の場合と同様、当該地方公共団体が担当している事務であること、住民投票になじむ事項であること、プレビシットにならないための条件を具備していることなどの制約があることは、あらためて指摘するまでもない。

また、市・都道府県の場合、条例で諮問的住民投票の制度を設けることは、憲法上も法律上も問題はないものと解される。国民投票による立法を制限している中央政府の場合にも、立法についての諮問的国民投票は許されると解されていることにも留意すべきであろう。

③日本国憲法下においては、町村、市、都道府県のいずれの場合であれ、住民生活を大きく左右する問題については、住民代表の在り方いかんにもよるが、住民投票制の導入が積極的に求められていると解される。中央政府の場合と異なって、地方公共団体では「住民のため」の一般的な議会解散制度が憲法・法律によって導入されていないことや、その政治に日常的に参加することを通じて住民の自治意識や「真の市民」としての意識が鍛えられていくという経験的な事実をも考慮するならば、なおさらのことであろう。

四　若干の関連問題

地方公共団体が、トクヴィルやパリ・コミューンの期待するような機能——地域の生活・産業・文化の発展をはかりかつ主権者の構成員としての意識と知識をもった「真の市民」を創出する機能——を果たすためには、「分権と参加」を大きくとり込んだ「充実した地方自治」の体制が不可欠である。住民投票の方法による住民の参加を軽視してはならない。近時の経験から明らかなように、それは、住民を「政治の傍観者」とし続けてきた状況を打破するうえで、情報公開制度、オンブズマン制度、リコールその他の直接請求制度にまさるとも劣らない積極的意義をもっている。

これまで、拘束的住民投票制度を条例で設けることができるか否かを主として憲法との関係で論じてきた。これについては、なお若干の論点が残っている。

1　地方公共団体の担当事務？

(1)　地方公共団体が自主的に処理できる事務で、住民投票になじむ事項のものであれば、それを住民投票の対象とすることには、原則として問題はない。改正地方自治法的な表現をすれば、「地域における事務」については、住民投票になじむものであれば、原則として問題はない、ということである。

(2)　地方公共団体の担当している事務のなかには、中央政府（や都道府県）の事務と密接に関係しているものが少なくない。そのような事項を住民投票の対象とすることができるかどうかが問題となる。たとえば、新潟県巻町の住民投票は、〝巻町における原子力発電所の建設について町民の意思を明らかにし、町行政の民主的で健全な運営を図ろうとする〟ものであった。それは、一方で町有地の売却・町民の安全・町の産業の在り方を問題にしつつ、他方で法律上中央政府の事務とされている電源開発（ここでは原子力発電所）についての賛否を問うものであった。また、沖縄県民投票は、県民の人権・安全・産業の在り方に不可分にかかわる、日米地位協定の見直しと米軍基地の整理縮小を問題としていた。問題とされた事項は、中央政府の所管に属するものであった。地方自治の本旨が住民の人権の保障と住民の自治の保障を含んでいるところからすれば、住民の人権・安全・生活・産業等に密接にかかわる事項を、形式的に中央政府の事務であることを理由として、当然に住民投票の対象外とすることはできないであろう。たしかに、中央政府は、これらの事項については、一応方針の決定権をもっているが、決定された方針を特定または一部の地域住民のみの不平等・不利益において執行する権限をもっているとは解されない。それどころかそのような結果をもたらす内容の法律を住民投票もなしに制定することができるかどうかも憲法との関係では問題となる（第一四条一項、第九五条を参照）。形式的には全国民・全地方公共団体を対象としつつも、事実上特定または一部の国民・地方公共団体のみを対象とする法律の問題については、憲法からみて大きな再検討の余地がある。

(3)　「住民投票になじむ事項・なじまない事項」も問題となる。自信をもって答えることができるような状況にはないが、当面、以下のように考えている。

住民投票に積極的になじむ問題としては、①その地方公共団体の存続にかんする問題（たとえば、合併・分離の問題、行政区画の変更の問題、名称の変更の問題など）、②その地方公共団体の生活・産業・文化の在り方を大きく変える問題（新しい産業・文化等のための大規模施設の設置・誘致、従来の施設の廃止等）、③大きな住民負担と財政支出を要するような事業・施設の設置や誘致、④住民の生活に大きな危険をもたらすおそれのある事業・施設の設置や誘致、⑤重要な案件について、議会と首長、議会・首長と住民が対立し、または議会と首長が住民代表として機能しない場合などが考えられる。

また、積極的になじまないものとしては、以下のようなものが考えられる。ⓐその地方公共団体の一部の住民または地区のみの利益・不利益に関する問題、ⓑ多様な可能性・選択肢がある問題、ⓒ高度に専門技術的な問題、ⓓ人権侵害や公序良俗違反のおそれのある問題、ⓔ次の**2**でふれるが、住民自治や団体自治等地方自治の本旨に含まれる諸原則の否定または制限をもたらすことになるような問題、ⓕ司法への介入を含む問題、ⓖ近過去において、住民投票にかけたことのある問題、ⓗ別の住民参加手続によってよりよく処理できる問題、ⓘ住民にとってさして重要ではない問題（その種の問題を住民投票にかけることは、住民を、ときには疲労させまたときには政治に対する関心を失わせることになる）、などである。

しかし、一義的にいずれかに属する問題と決めることができるわけではない。たとえば、ⓒの問題が同時に②や③や④の問題であることもある。具体的事例に即して、入念公平に検討し、どの側面から問題に対処するかを決めなければならない。

2　プレビシット化を避けるために

国民投票であれ、住民投票であれ、その悪用は阻止しなければならない。ナポレオン一世は、国民投票の悪用を重ねて、民主主義を否定する世襲の皇帝制を設け、みずから皇帝となった。その甥のナポレオン三世も、同様にして皇帝となった。ヒトラーも、国際連盟の脱退やオーストリア併合を国民投票で正当化した。現在においても、権力担当者が、国民投票・住民投票を悪用して、権力担当者についての信任効果やその意図する特定の結果を導き出そうとしている。世論調査結果等から結論の分かっている問題を投票にかけ、あるいは結論誘導的な宣伝を権力を利用しておこなうこと等によってそのような効果を引き出そうとする。民意を悪用することによって、人権の保障や民主主義の弱体化をもたらす国民投票・住民投票である。このような国民投票・住民投票を、フランス憲法学は、プレビシット（plebiscite）と呼んでレフェレンダム（referendum）と区別しようとする。

住民投票のプレビシット化を避けるためには、とくに以下のような諸条件の充足が不可欠だと考えられる。

①設問は、公平で明確かつ分かりやすいものでなければならない。特定の回答に誘導的であったり、不明確であったり、難解であったりしてはならない。

②住民が主題につき公平かつ的確な判断をするために必要不可欠な情報をえることができるよう、ⓐ主題について議会等による事前の公開審議を保障すること、ⓑ学識経験者や政党などによる主題について認識・評価などの情報の提供を保障すること、ⓒ自由で公平な宣伝・批判を保障すること、が必要となる。ⓓ提供される必要・不可欠な情報についても、公平で、正確で、分かりやすい要約が不可欠である。

③住民投票についての提案権を一定数の住民に認めることである。直接民主制の一形態としての「イニシアチブ」（国民発案、住民発案）を、住民投票による決定にまで及んで認めることである。住民発案の保障を欠く住民投票では、権力担当者の意図するものだけがそれにかけられ、住民の必要としているものがそれにかけられることは保障されない。現行の地方自治法における条例についてのイニシアチブにおいても、住民の意思が条例となる保障はない。いずれにおいても、住民自治は、半身不随となる。

④権力担当者が住民投票の有無やその時期を任意に決定できないようにすることも必要であろう。首長や議会の特定会派に不利となる住民投票を避けたり、特定の結果を引き出すのに都合のよい時期をそれらが選択できないようにするためである。

⑤投票の自由と秘密を保障することも不可欠である。憲法第一五条三項の保障（秘密投票の保障と棄権の自由を含む任意投票制の保障）は、選挙にかぎられるべきでなく、選挙外の投票にも準用されるべきものであろう。これを認めないと、住民の意思の正確な表明は保障されない。

⑥一定数の住民の投票参加も、必要であろう。この条件をみたすことができるよう、住民が主題を理解しかつ判断するために必要な情報と時間を住民に保障すべきである。この保障を欠けば、住民投票が実質を失うだけでなく、形式的にも住民と無関係な行事になりかねない。

⑦公平な集計手続の保障も不可欠である。

住民投票制度が的確に組織され、運用されれば、それが「真の市民」の創出に寄与しかつ地方公共団体の「自治体」化をもたらす手段となることは、間違いないことであろう。

第7章　むすび

一　本格的な転換期を迎えて

二〇世紀の第4四半世紀、伝統的な中央集権体制は、日本でも世界でも本格的な転換期を迎えた。

1　日本の場合

八〇年代末からの地方制度改革論（とくに、地方分権論）のブーム（政党、公的諮問機関、地方六団体、経済団体、その他の民間団体等からの多様な提言、その具体的内容については自治体問題研究所編『地方分権・解説と資料』一九九三年参照）、一九九三年六月の衆議院・参議院のそれぞれによる「地方分権の推進に関する決議」、同年一〇月の臨時行政改革推進審議会（第三次行革審）の最終答申（「国は、国家の存立に直接かかわる政策、国内の民間活動や地方自治について全国的に統一することが望ましい基本ルール、全国的な規模・視点でおこなわれることが必要不可欠な施策・事業などを重点的に分担し、地域行政は地方公共団体に任せる」などの方針を打ち出す）、一九九五年五月の地方分権推進法、一九九九年七月の地方分権一括法（その大部分は二〇〇〇年四月一日から施行）などからみて、日本も転換の最中にあることは間違いあるまい。とくに、地方分権一括法は、明治憲法制定期と日本国憲法の制定期に続く、「第三番目の改革」と喧伝された。

2 世界も

世界も転換の最中にある。すでにみておいたことであるが、以下の諸点を指摘しておくだけで十分であろう。

①一九八五年七月ヨーロッパ評議会閣僚会議で採択された「ヨーロッパ地方自治憲章」（多国間条約、一九八八年九月発効）。

②一九八五年九月国際地方自治体連合（IULA）の第二七回大会で採択された「世界地方自治宣言」（一九九三年六月に、前文を修正して再度採択）。

③旧ソ連＝東欧型社会主義諸国において、一九九〇年代に制定された新憲法における「充実した地方自治」の体制（①②をガイドラインとしているという）。

④二〇〇一年六月の国連特別総会に向けて、「世界地方自治憲章」採択の動き（この総会では、審議されるまでには至らなかったが、そのための運動は衰えることなく続いているという）。

二　転換の二方向性

日本のみならず、世界的な規模でみられる中央集権体制の転換が、中長期的にはすべて「充実した地方自治」の体制に向うことは間違いあるまい。すでにみておいたところからも明らかなように、それ以外に中央集権体制の弊害を克服しうる的確な代案がないからである。転換に積極的に取り組んだ諸国もそのことを認めている。しかし、短期的には、国によって、紆余曲折がありえないわけではない。とくに、中央集権体制を当然視し続けた日本においては、当面、転換の原理・原則を異にする対応がとられる可能性が小さくない。日本で提起された改革論・改革案においては、「充実した地方自治」体制の諸原則を欠いたものが目立っていた。西欧・中東欧の諸国やアメリカ合衆国とは違った二一世紀初頭をみているようであった。

かつて地方分権論のブームの頃、私は、「充実した地方自治」の体制を求める改革とそれとは異なった改革の二つを意識しつつ、以下のような指摘をした。

地方分権がどのように具体化されるかは、豊な人権保障と充実した民主主義を求める思想・運動との結びつきのいかんによって異なる。それらと結びついている場合には、地方分権の具体的な在り方はそれらをふまえたものとなる。しかし、それらと切断されている場合には、地方分権という耳ざわりのいい表現にもかかわらず、その具体的な内容はそのいずれとの関係でも貧しいものとなりがちである。日本の分権論においては、後者の方が有力である。

たとえば、政治大国化のための分権論、軍事的国際貢献国家のための分権論ともいうべきものである。小沢一郎氏が「普通の国」を創出するために「思い切った」分権論を展開していることは、よく知られている。「国政改革の第一歩は、国民生活に関係する分野を思い切って地方に一任することだ」、「その結果身軽になった中央政府は、……強いリーダーシップの下に国家として真剣に取り組むべき問題、たとえば国家の危機管理、基本方針の立案などに全力を傾けて取り組むのである。極言すれば、これが、これからの時代を日本が国際社会の中で生きていく唯一の方法ではないだろうか」（『日本改造計画』一九九三年・八二頁）。

また、たとえば、民活・規制緩和を目的または条件とした分権論である。第三次行革審の中間答申や最終答申は、「官主導から民自律への転換・規制緩和の推進」と「地方分権」を強調しつつ、前者を後者において堅持されるべき目的または条件としている。経団連・行革推進会議（「国と地方の関係等の見直しに関する意見メモ」一九八九年五月）をはじめとして、この種の見解は、広く流布されている。

このような分権論は、人権保障と民主主義の強化（各地域における生活・産業・文化の発達と「真の市民」の創出）を視座に据えていないから、ときには、反人権的、反民主的、そして反歴史的にもなりかねない。現代市民憲法的な人権保障の観点からすれば、「官主導」的な規制は論外としても、社会国家（福祉国家）理念に基づく規制の不可欠性を放棄するわけにはいかない。必要な土地規制の欠落が民衆から住居を奪い、過密地域をスラム化し、バブル経済と第二次産業の空洞化をもたらしたという一事を想起するだけでも明らかなことであろう。一九世紀の「自由放任」体制の失敗も忘れてはなるまい。また、生命・健康等の観点からすれば、内在的制約を理由とする制限の現代における重要性も軽視するわけにはいかない。

また、人権と民主主義の観点が希薄な分権論は、自主財源の保障を欠いた分権を進め、さらには広域行政を求めて、市町村の合併、都道府県中心の分権、さらには道州制などに向いがちとなる。しかし、自主財源の保障を欠いた分権は地方政治の質をおとし、「住民のための政治」を困難とする。また、人口数十万、数百万、数千万の地域で、「住民による、住民のための政治」がどうして確保されるか、あらためて問い直さなければならない。人権目的の政治と民意による政治、各地域における生活・産業・文化の発展と「真の市民」の創出は、地方分権を含めてあらゆる政治改革の原点に据えられなければならない。

たしかに、よりよき人権保障や民主主義のために広域団体の必要性も考えられないわけではない。しかし、そのためには、それを不可欠とするどのような必要性があるかを明確に論証すべきであり、しかもそれが地方公共団体の一部事務組合や連合では処理できないものであることをも論証すべきである。人権保障と民主主義の観点からすれば、市町村最優先・都道府県優先の事務配分の原則やそれにみあった財源配分の原則、それらを超える事務についてそれらの協力による処理の妥当性を否定することは難しいからである。

たしかに、地方公共団体の側が抜本的な分権をその本来の目的のために生かしうる主体的な能力をもっているかも問題となる。これについては、次のような反論に傾聴したい。「行政能力とは権限と責任の大きさに比例するのであって、権限と責任を大幅に制限しておいて能力がないという評価はあたらない」(恒松制治「地方主権と民主主義」『世界』一九九四年二月号二六〇頁)。地方の「無能性」を盾に地方自治の今日的状況をもたらしてしまった中央政府の「有能性」を考えればなおさらのことである。中央集権体制は、地方公共団体をだめにするだけでなく、「有能な」中央政府をもだいなしにする。

三　転換を求める二つの要因

「現在」における地方制度改革の動きのなかに、「充実した地方自治」の体制を求めるもの(以下、「第一の改革」と呼ぶ)と、それとは異質の改革を求めるもの(以下、「第二の改革」と呼ぶ)の二つがあることは、間違いない。第一の改革は、近代の初頭以来、中央集権体制に対抗して、営々として維持強化されてきた歴史的潮流ともいうべきもので、その目的、原理・原則は明確である。それが二〇世紀第4四半世紀以降世界の奔流になろうとしていることは、すでにみておいた。第二の改革は、それとは別個の要因によって求められ、別個の目的に仕えようとするものである。日本においては、その傾向が目立つ。一九九九年の地方分権一括法も、すでにみておいたように、前者の諸原則を認めるものではない。

1　「第二の改革」を求めるもの

第二の改革要求は、日本においては、以下のような特色をもっていた。「民活・規制緩和のための分権」「経済大国化・軍事的国際貢献のための地方分権」「広域団体（形成）のための地方分権」「住民自治・自主財源を軽視する地方分権」等である。「充実した地方自治」体制の諸原則を前提にしたものは、ほとんどなかった。各地域における生活・産業・文化の発展と「真の市民」を創出する地方自治の視点は希薄であった。

日本で際立つ第二の改革要求が、地方自治の強化、「充実した地方自治」の体制のためでないことは、はっきりしている。世界的な動向に背を向けるかのようにして、「充実した地方自治」体制の諸原則に消極的な姿勢をとっているところからだけしても、明らかである。「シャウプ勧告」「神戸勧告」「ヨーロッパ地方自治憲章」「世界地方自治宣言」などを積極的に検討した気配はどの見解からもうかがわれない。この点では、地方自治を軽視する中央集権体制の立場と通底するものを読みとることもできる。

地方自治を軽視しつつ、中央集権体制をなぜ改革しようとするのかがあらためて問題となる。中央政府の財政破局的状況や官僚統制への対応の問題もあろう。しかし、何よりも大きな要因としては、ソ連＝東欧型社会主義体制の破綻・崩壊とそれに伴う世界の単一市場化、「新自由主義」をグローバル・スタンダードとする「グローバリゼーション」への政治的対応をあげるべきであろう。ブームとなった地方分権論のうちに、共通して、それへの強いこだわりを読みとることができる。「グローバリゼーション」の一環として、近時の地方分権改革を説明する議論もある。この点については、立ち入った検討をしている余裕がないので、ここでは、次の点だけを指摘しておきたい。

「グローバリゼーション」が進行するにつれて、国際関係問題が経済・金融・科学技術・財政・政治・安全保障・食糧・エネルギー・文化等ほとんどあらゆる分野で大きな比重を占めるようになる。そのなかで国家機能の重要な一部が事実上国際組織（国連、GATT・WTO、IMF、G7・サミット、NATO、日米安保体制、APEC等々）に移転するようになるとともに、これらにどう対処するかが中央政府の主要な課題にもなってくる。これに対応して、中央政府は、一方でそのための組織・機能を強化するとともに、他方で中央政府の担当事務を整理・選別して、その伝統的な事務の相当な部分を地方公共団体に分担させるようになる。「押しつけ的地方分権」である。この点は、さきに紹介しておいた小沢一郎見解や第三次行革審答申からは、とくにはっきりとうかがうことができる。「グローバリゼーション」は、「例外なき自由化」の手段としてのWTO（世界貿易機関）の発足（一九九五年）によって一段と強化される。それに対応するための地方分権であるから、「充実した地方自治」体制を求める思想・運動の伝統を欠く国においては、地方制度改革の在り方が恣意的な事務配分、自主財源の配分を伴わない事務配分、住民自治を軽視した地方分権（広域化の推進)、団体自治を軽視する地方分権、現代的の人権保障(とくに社会国家・福祉国家や文化国家の理念)の軽視をもたらしかねない、規制緩和と結合した地方分権等となりがちになる。

2　「第二の改革」の問題性

このような第二の地方制度改革には、「グローバリゼーション」自体についての「現在」史的な評価を別としても、以下の諸点からみて問題があるといわざるをえない。

第一は、第二の改革が充実した地方自治の諸原則を欠くことによって、中央集権体制に由来するもろもろの弊害――「人民による政治」の困難性、不十分となる「人民のための政治」、地方公共団体の下請機関化、利益誘導政治と構造的汚職、全国民の代表と主権者・国民の不在の状況、各地域の疲弊、中央集権体制に内在する破滅的性格等――を克服することができないことである。これらの弊害に対処するためには、その克服自体を目的とし、そのために必要不可欠な諸原則をもたなければならない。期待できないものに期待をするわけにはいかない。

第二は、第二の改革が日本国憲法の求める地方自治との関係で不適合ではないか、ということである。すでにみておいたように、また「シャウプ勧告」や「神戸勧告」などからもうかがわれるように、日本国憲法の求める地方自治の本来の姿は、「充実した地方自治」の体制である。この点からしても、「充実した地方自治」体制の諸原則を欠く第二の改革は問題ということにならざるをえない。また、これと関連しては、いまなお地方自治の問題を憲法学の主題としえないでいる日本の憲法学の在り方もあらためて問われることになる。

第三は、第二の改革が、第一の改革に阻止的に働きかけることによって、近代以降における人類の歴史的な努力に反しかつそれを現在に必要不可欠なものとして確認しようとする世界の大勢に反することである。第二の改革は、第一点・第二点とも相まって、反歴史的な機能を果たすことになりかねない。

近代市民憲法下の経験に徴してみても、市場経済を世界的な規模で貫徹しようとする「新自由主義」の進行（グローバリゼーション）には、国内的および国際的な社会統合の能力があるとはみえない（この点については、森恒淑「『グローバリゼイション』についての一考察——資本主義体制にとってその意味するもの」駿河台法学一四巻一号二〇〇〇年・八九頁以下を参照）。この点をもふまえるならば、第二の改革の選択は誤りでしかなくなる。第一の改革と取り組む以外に方法はない。歴史的な転換期に誤った対応をしてはならない。

参考文献

一部の参考文献は、本文や注にあげておいたが、以下の諸文献も参考にさせていただいた。その執筆者の方々にお礼を申し上げるとともに、読者のみなさんもそれらを参照されるようにと願っている。

1　憲法論・基礎理論

田中二郎『地方制度改革の諸問題』一九五五年、有信堂
原竜之助『地方制度改革の基本問題』一九五五年、評論社
宮沢俊義先生還暦記念『日本国憲法体系　第五巻』一九六四年、有斐閣
星野光男『地方自治の理論と構造』一九七〇年、新評論
松下圭一『市民自治の憲法理論』一九七五年、岩波新書
辻　清明『日本の地方自治』一九七六年、岩波新書
針生誠吉『自治体憲法学――創造のための基本問題』一九七六年、学陽書房
阿部照哉ほか編『地方自治体系　第一巻』一九八九年、嵯峨野書院

河合義和『近代憲法の成立と自治権思想』一九八九年、勁草書房
佐藤　竺『地方自治と民主主義』一九九〇年、大蔵省印刷局
山下健二・小林武『自治体法学全集2　自治体憲法』一九九一年、学陽書房
J・ヘッセ編『地方自治の世界的潮流――二〇カ国からの報告　上・下』（北海道比較地方自治研究会訳）一九九七年、信山社
田村　明『自治体学入門』二〇〇〇年、岩波書店
河合秀和『トックヴィルを読む』二〇〇一年、岩波書店
小林　武『地方自治の憲法学』二〇〇一年、晃洋書房

2　外国の地方自治

赤木須留喜『行政責任の研究』一九七八年、岩波書店
長谷川正安『コミューン物語一八七〇―一八七一』一九九一年、日本評論社
廣田全男『現代ドイツ地方自治の潮流』一九九二年、東京市政調査会
海外地方自治研究会編『世界の地方自治――分権・参加・自治への挑戦』一九九四年、自治体研究社
東京都議会議会局調査部国際課『統一後ドイツの地方自治事情』一九九五年
藤岡純一・自治体問題研究所編『地域と自治体第二三集　海外の地方分権事情』一九九五年、自治体研究社
H・ボルデシュハイム、K・ストールバリ編著『北欧の地方分権改革』（大和田建太郎ほか訳）一九九五

年、日本評論社
木佐茂男『豊かさを生む地方自治——ドイツを歩いて考える』一九九六年、日本評論社
横田　清『アメリカにおける自治・分権・参加の発展』一九九七年、敬文堂

3　日本の地方自治

俵　静夫『地方自治法』一九六五年、有斐閣
北野弘久『憲法と地方財政権』一九八〇年、勁草書房
吉田善明『地方自治と住民の権利』一九八二年、三省堂
吉田善明『地域からの平和と自治』一九八五年、日本評論社
宮本憲一『地方自治の歴史と展望』一九八六年、自治体研究社
遠藤文夫『地方行政論』一九八八年、良書普及会
兼子　仁『自治体法学全集1　自治体法学』一九八八年、学陽書房
中川　剛『地方自治制度史』一九九〇年、学陽書房
山田公平『近代日本の国民国家と地方自治——比較史研究』一九九一年、名古屋大学出版会
自治体問題研究所編『地方分権——解説と資料』一九九三年、自治体研究社
辻山幸宣『地方分権と自治体連合』一九九四年、敬文堂
橋本　勇『地方自治のあゆみ——分権の時代にむけて』一九九五年、良書普及会
原田尚彦『地方自治の法としくみ』（全訂二版）一九九五年、学陽書房

鳴海正泰『現代日本の地方自治と地方財政――テキストブック市民自治』(改訂増補第三版)一九九六年、公人社
山崎　正『地方分権と予算・決算』一九九六年、勁草書房
阿部斉・新藤宗幸『概説・日本の地方自治』一九九七年、東京大学出版会
新藤宗幸『地方分権』一九九八年、岩波書店
池上洋通『人間の顔をしたまちをどうつくるか』一九九八年、自治体研究社
兼子　仁『新地方自治法』一九九九年、岩波新書
小早川光郎ほか編『史料・日本の地方自治』全三巻、一九九九年、学陽書房
新藤宗幸編著『住民投票』一九九九年、ぎょうせい
神野直彦『地方自治体壊滅』一九九九年、NTT出版
高木健二『分権改革の到達点』一九九九年、敬文堂
宮本憲一『都市政策の思想と現実』一九九九年、有斐閣
今井　照『図解よくわかる地方自治のしくみ』二〇〇〇年、学陽書房
都丸泰助『現代地方自治の原型――明治地方自治制度の研究』二〇〇〇年、大月書店
宮下和裕『希望としての地方自治――地域からの発言』二〇〇〇年、自治体研究社
室井力・原野翹編『新現代地方自治法入門』二〇〇〇年、法律文化社
大石嘉一郎・室井力・宮本憲一『日本における地方自治の探究』二〇〇一年、大月書店

あとがき

本書は、地方自治の問題が、国家の根本的な在り方に関する国家論の問題であり、憲法学の主題の一つであることを確認し、あわせて伝統的な中央集権の体制では政治的にも経済的にも文化的にもうまくやっていけず、世界的な規模で「充実した地方自治」体制への転換期にきていることを明らかにしようとするものである。

本書がその目的をうまく達成しているかどうかについては、自信はない。中央集権体制の正当化論・構造・問題性を的確に紹介し批判できているか、その対案となる「充実した地方自治」体制の正当化論・原則を的確に提示できているかについても、なお検討の余地を残している。いろいろな機会に書いてきたものをもとにしていることもあって、記述のバランスも気になる。これからも検討を続け、また読者からのご批判もえて、それらを克服する改訂版の機会をえたいものと願っている。「はしがき」の末尾にも述べておいたように、本書の資料編ともいいうる『資料　現代地方自治』にも注目してくだされればまさに幸甚である。

二〇〇二年一月二〇日

杉原泰雄

著者略歴

1930年　静岡県に生まれる
1961年　一橋大学大学院法学研究科博士課程修了
現　在　一橋大学名誉教授，駿河台大学名誉教授
著　書　『憲法と資本主義の現在』（勁草書房，2010）
『憲法と資本主義』（勁草書房，2008）
『新版体系憲法事典』（編集代表，青林書院，2008）
『憲法と国家論』（有斐閣，2006）
『第３版　憲法読本』（岩波書店，2004）
『憲法の「現在」』（有信堂高文社，2003）
『憲法を学ぶ　第３版』（共編，有斐閣，2001）
『恒久世界平和のために』（共編，勁草書房，1998）
『日本国憲法史年表』（編集代表，勁草書房，1998）
『憲法の歴史』（岩波書店，1996）
『憲法問題の見方』（弘文堂，1995）
『民衆の国家構想』（日本評論社，1992）
『人権の歴史』（岩波書店，1992）
『人民主権の史的展開』（岩波書店，1978）
『国民主権の研究』（岩波書店，1971）ほか

地方自治の憲法論［補訂版］
「充実した地方自治」を求めて

2002年4月15日　第1版第1刷発行
2011年7月25日　補訂版第2刷発行

著　者　杉《すぎ》　原《はら》　泰《やす》　雄《お》
発行者　井　村　寿　人

発行所　株式会社　勁《けい》　草《そう》　書　房

112-0005　東京都文京区水道2-1-1　振替 00150-2-175253
（編集）電話　03-3815-5277／FAX 03-3814-6968
（営業）電話　03-3814-6861／FAX 03-3814-6854
理想社・中永製本

地方自治の憲法論［補訂版］
「充実した地方自治」を求めて

2024年9月20日 オンデマンド版発行

著 者 杉 原 泰 雄

発行者 井 村 寿 人

発行所 株式会社 勁《けい》 草《そう》 書 房

112-0005 東京都文京区水道 2-1-1 振替 00150-2-175253
（編集）電話 03-3815-5277／FAX 03-3814-6968
（営業）電話 03-3814-6861／FAX 03-3814-6854
印刷・製本 （株）デジタルパブリッシングサービス

AM281

ISBN978-4-326-98622-4 Printed in Japan

https://www.keisoshobo.co.jp